MÉMOIRES

DE

L'OUVRIER FRANÇOIS LEBLANC

Adjoint au maire de Montville en 1848.

PROJET D'ADOLPHE PEYNAUD

Manufacturier

SUR LA CRISE INDUSTRIELLE DE 1848, A ROUEN

DOCUMENTS PUBLIÉS

PAR

A.-M. GOSSEZ

Docteur de l'Université de Lille.

PRIX : 2 FRANCS

PARIS

PUBLICATIONS DE LA SOCIÉTÉ NOUVELLE DE LIBRAIRIE ET D'ÉDITION

(Anc¹ rue Cujas)

ED. CORNÉLY & Cⁱᵉ, ÉDITEURS

101, Rue de Vaugirard, 101

1908

MÉMOIRES

DE

L'OUVRIER FRANÇOIS LEBLANC

Adjoint au maire de Montille en 1848.

PROJET D'ADOLPHE PEYNAUD

Manufacturier

SUR LA CRISE INDUSTRIELLE DE 1848, A ROUEN

DU MÊME AUTEUR

Le Saint-Julien de Flaubert. Étude illustrée par Victor Prouvé et Ed. van Offel. 1 br. in-8, Lille, 1903 (éd. sur japon), 48 p.   2 fr.

Le département du Nord sous la Deuxième République, 1848-1852. Étude économique et politique. 1 vol. in-8, Lille, G. Leleu, 1901, 418 p. ....   8 fr.

EN PRÉPARATION

Homais et Bovary, hommes politiques.
La Seine-Inférieure sous la Deuxième République.

MÉMOIRES

DE

L'OUVRIER FRANÇOIS LEBLANC

Adjoint au maire de Monville en 1848.

PROJET D'ADOLPHE PEYNAUD

Manufacturier

SUR LA CRISE INDUSTRIELLE DE 1848, A ROUEN

DOCUMENTS PUBLIÉS

PAR

A.-M. GOSSEZ

Docteur de l'Université de Lille.

PARIS

PUBLICATIONS DE LA SOCIÉTÉ NOUVELLE DE LIBRAIRIE ET D'ÉDITION

(Anc¹ rue Cujas)

ED. CORNÉLY & Cⁱᵉ, ÉDITEURS

101, Rue de Vaugirard, 101

1907-1908

FRANÇOIS LEBLANC

Adjoint au Maire de Nonville en 1848

1819-1896

(D'après une photographie)

MÉMOIRES DE L'OUVRIER PEINTRE FRANÇOIS LEBLANC

Adjoint au maire de Monville en 1848

Au cours de recherches sur l'histoire de la deuxième république dans la Seine-Inférieure, nous avons découvert des documents inédits d'assez longue étendue. Le mémoire de Leblanc sur Monville en 1848 est l'un de ces documents.

Monville est situé dans l'une des plus riantes vallées manufacturières qui avoisinent Rouen, à douze kilomètres environ du chef-lieu, sur le ruisseau de Cailly, en aval et un peu au nord-est d'une autre bourgade industrielle, Malaunay.

En 1848 déjà, c'était, avec ses 2,506 habitants, la commune principale et la plus active du canton de Clères.

Le conseil municipal de Monville, qui, en novembre 1847, réclamait une station de chemin de fer sur la ligne de Rouen à Dieppe, faisait observer que, en coton, en laine ou filés, bois de teinture et autres, matériaux de construction, comme aussi farine et blé, l'alimentation des usines et les besoins des particuliers amenaient sur la place plus de 11,396,000 kilogrammes de marchandises, annuellement.

Cependant la situation ouvrière était malaisée.

Une trombe avait détruit, en 1845, plusieurs filatures, tant à Malaunay qu'à Monville, et jeté plus de deux cents familles dans la misère (1). Dès la première minute, des secours avaient été organisés. Avant tous, l'humble médecin de Monville, principal héros des mémoires que nous publions, Ferdinand Châtel, était sur les lieux du désastre. Les docteurs Flaubert et Blanche accoururent de Rouen. Bientôt la charité publique recueillit près de 300,000 francs, qui suffirent à panser les premières douleurs.

Mais, en outre des quatre filatures renversées par la trombe du 19 août 1845 ou détruites depuis par l'incendie, la crise industrielle, les opérations malheureuses du baron de Monville frap-

---

(1) Rapport du maire de Monville, 3 septembre 1845. (Journaux de Rouen, et tous les numéros depuis le 20 août, et aussi *Revue de Rouen*, 1845, 2ᵉ sem., p. 120.)

paient la population ouvrière. On eut recours à des ateliers de charité pour les ouvriers sans travail, éprouvés d'ailleurs par la *cherté* générale des vivres durant l'hiver et le printemps de 1817.

La débâcle du baron de Monville, en 1846, son départ, avaient livré la mairie à la bourgeoisie orléaniste. Une tradition qui, depuis 1789, avait perpétué dans la famille Boissel de Monville la première magistrature communale, était interrompue ; lors de la première révolution, le baron de Monville, conseiller au Parlement de Normandie, ayant fraternisé avec la garde nationale, en devint le commandant avant d'être pair de France en 1815.

Tels sont la situation et les faits accomplis à la veille de la révolution de février. Un ouvrier de Monville, François Leblanc, a entrepris de nous dire l'histoire de 1848 dans cette localité.

Il nous paraît indispensable de résumer les événements pour donner plus de clarté à son récit et d'essayer de mettre en relief les principales figures politiques de cette petite commune.

A peine le Gouvernement provisoire eut-il nommé F. Deschamps au commissariat général de la Seine-Inférieure, que le nouvel administrateur départemental remplaça le conseil municipal de Monville par une Commission moins orléaniste et moins bourgeoise. Dès lors, Châtel joua dans la localité le premier rôle politique. Médecin, né vers 1817 dans l'Eure, après des études à Paris, il s'installait à Monville. L'étudiant avait laissé quelques créanciers dans la capitale qui le relancèrent jusqu'à Monville. Sa situation financière en devint très mauvaise et la population de la commune ouvrit même une souscription en sa faveur. Ses concurrents, au moins l'un d'eux, ne virent pas d'un bon œil la sympathie populaire aller vers lui. Et, après la révolution, son influence grandissante devint telle que toute la population bourgeoise le prit en profonde aversion. Affilié au parti démocratique rouennais, jouissant auprès du Commissaire général de quelque influence, il fondait à Monville un club politique, *Le Peuple*, dont il fut l'âme ; il exerçait un grand prestige sur les ateliers communaux, il était adjoint au maire, titres nombreux pour augmenter l'effroi des manufacturiers.

Les élections à la Constituante ne furent point favorables, dans la Seine-Inférieure, au parti démocratique. Elles nommaient une coalition de conservateurs et de modérés. Une émeute éclatait à cette nouvelle, le 28 avril, à Rouen, et bientôt après à Elbeuf.

L'émeute fut brutalement réprimée. A la nouvelle de l'insurrection, les ouvriers des ateliers de Monville prirent leurs armes ou leurs outils. Dieppe allait envoyer des poudres à la garnison de Rouen, disait-on. Il fallait arrêter le convoi au pont du chemin de fer, à Malaunay. Un marchand de rubans se mit à leur tête et ils prirent la route de la localité voisine. Châtel les rejoignit en chemin. Quel fut son rôle ? Il a toujours soutenu, et Leblanc partage sa manière de voir, qu'il n'avait abordé les ouvriers que pour leur montrer l'inutilité de leur démarche et les ramener à leurs travaux. Néanmoins, ses ennemis, à Monville, en prirent prétexte pour signaler son action sur la population ouvrière, et leur dénonciation servit de base au procès qu'on lui intenta. Châtel fut impliqué dans l'affaire des émeutes rouennaises du 18 avril et condamné, le 21 décembre 1848, par la Cour d'assises du Calvados, à six ans de prison.

Tel est le principal acteur du récit de Leblanc.

La situation politique avait été très troublée à Monville pendant les premiers mois de la République. Trois maires provisoires furent, en effet, successivement nommés par le département avant les élections : Zéphir Prévost, ancien huissier, conserva ses fonctions jusqu'au 3 mai, Châtel étant son adjoint. Les accusations dont on poursuivit ce dernier découragèrent le maire, qui démissionna. Personnage bizarre, d'ailleurs, que Leblanc et les républicains regardaient comme l'un des leurs, mais qui, en 1852, offrit de faire la preuve de ses rapports directs avec les bonapartistes, même avant l'élection du 10 décembre.

Édouard Chesneau, conseiller municipal de Monville depuis 1843, accepta de lui succéder ; il prit Prévost pour adjoint. C'était un républicain modéré. Il avait présidé le club du Peuple. Mais il refusa de dissoudre les ateliers communaux ou de les prendre à la charge de son budget et se retira le 14 juin. Chesneau quittait d'ailleurs bientôt Monville pour Versailles. Il n'est pas indifférent de signaler que ce maire n'est autre que le père du critique d'art et publiciste Ernest Chesneau.

Il fut remplacé par un manufacturier : Gaillard-Lemaître, gendre du dernier maire orléaniste, qui conserva sa magistrature jusqu'aux élections municipales du mois d'août. Une sorte d'entente eut lieu alors entre les partis, et l'administration municipale fut partagée : les conservateurs choisirent le maire Papillon --

celui-ci resta premier magistrat durant quelques années sous l'Empire — et le premier adjoint. Les républicains obtinrent la seconde place pour l'un d'eux, François Leblanc, l'auteur des présents mémoires.

Leur intérêt nous paraît résider à la fois dans le récit d'événements qui montrent l'influence du parti démocratique rouennais dans les campagnes, l'esprit politique et la situation économique des vallées industrielles et surtout dans l'étude des sentiments et des opinions d'un ouvrier normand, de 1848, tel qu'apparaît François Leblanc.

Leblanc était né à Clères le 8 août 1819, il mourut à Monville le 2 août 1896. Toute sa vie il exerça la profession de peintre-vitrier et laissa une petite fortune. Au point de vue politique, il appartint au parti républicain modéré, sans se départir jamais de ses opinions. Après février 1848, il fut secrétaire du club « Le Peuple », mais, comme Chesneau, il se rattachait au parti Senard.

Adjoint au maire de Monville après l'élection communale de 1848, il représenta la minorité républicaine dans l'administration, se dispensa d'assister aux séances du Conseil après la loi du suffrage restreint, fut cassé à la suite du Coup d'État ; mais, réélu conseiller municipal en 1852, il fut nommé, sans interruption, pendant toute la durée de l'Empire, puis sous la troisième République, jusqu'en 1881, date à laquelle il subit un échec. Choisi de nouveau en 1884, il devient deuxième adjoint au maire de Monville, en 1887, à la suite de la démission du titulaire ; le maire, M. Evode Chevallier fait écrire alors à la Préfecture pour « annoncer que l'élection lui donne pour adjoint le doyen d'âge du conseil municipal, le vénérable M. Leblanc, connu par ses sentiments patriotiques ». Conseiller municipal en 1888, il est nommé à nouveau en 1892, et encore en 1896 à la veille de sa mort.

Leblanc, comme beaucoup de provinciaux républicains de l'époque fut, en outre, un imitateur de Béranger. En 1842, il avait publié, à Rouen, un *Recueil de chansons*. On retrouve de ses vers dans plusieurs publications rouennaises (1), et aussi à la fin des présents mémoires. En qualité de poète, il se mit en relation avec des Normands comme Eugène Noël, Th. Le Breton, ou même des Parisiens comme Ernest Chesneau et Lamartine.

____

(1) Cf. M⁰ˢ Oursel : *Biographies Normandes*, t. II, p. 67.

Quant aux mémoires sur *Monville en 1848*, il en existe à notre connaissance quatre manuscrits. Le manuscrit original se trouve entre les mains d'un héritier de l'auteur (1). Il présente un intérêt particulier parce qu'il est daté (voir plus loin première partie, I, note 1). Aussi faut-il souhaiter qu'on le dépose à la bibliothèque de Rouen.

Deux copies de ce manuscrit furent faites du vivant de l'auteur et données par lui aux bibliothèques de Rouen et de Clères (2). Elles reproduisent l'original ; quelques corrections de pure forme, surtout dans les derniers chapitres, y ont été apportées. Nous reproduisons le manuscrit de Rouen, sans autres corrections que celles qu'exige l'orthographe erronée de quelques noms propres.

Bien que la mémoire et la sincérité de Leblanc soient très sûres, nous avons cru indispensable de toujours contrôler son récit et de le compléter par la lecture des journaux de Rouen et de Caen et celle des pièces d'archives (3). Dans certaines circonstances il dut ignorer la raison véritable d'actes ou d'attitudes que les documents inédits ont expliqués.

---

(1) M. Lefèvre, de Monville, qui a bien voulu nous le communiquer.

(2) Le premier supplément du catalogue des manuscrits de la bibliothèque de Rouen dit : « Monville en 1848, par P. Leblanc (mauvaise lecture, pour F. Leblanc, due à l'écriture de Leblanc lui-même), avec ex-dono autographe de l'auteur, 27 avril 1892, xix° siècle, papier, 135 pages écrites et une table, 165 sur 110 millim., demi-reliure. (Don de Fr. Leblanc, 1892). — Le manuscrit de Clères a été donné en 1895. « Monville en 1848, par F. Leblanc, 19 × 13 cent., 127 pages dont les 9 dernières remplies par des pièces de vers ». Il est en tout conforme au manuscrit de Rouen. — Enfin un quatrième manuscrit a été copié récemment sur l'original, par M. Deshais, de Monville, pour la Ligue de l'Enseignement, dont il est président.

(3) BIBLIOGRAPHIE DES DOCUMENTS D'ARCHIVES. I. SEINE-INFÉRIEURE. Archives départementales : « *Élections communales, Monville*. — « *Adhésions des communes au Gouvernement de la République, 1848*. — II. Archives de la mairie de Monville : *Registre aux délibérations* (le registre commence en 1788). — III. CALVADOS. Archives de la Cour d'appel de Caen : *Troubles de Rouen des 27 et 28 avril 1848* ; *Affaire relative à Châtel, etc., Cour d'assises du Calvados, séant à Caen, 20 et 21 décembre 1848*. — Selon Leblanc les *Procès-verbaux du club « Le Peuple »* de Monville, furent remis à l'avocat Scheppers qui défendit Châtel et les communiqua au jury. Les héritiers de Scheppers, son père et sa sœur mariée à un M. de Meisas, ne semblent pas avoir laissé de descendants à Évreux où ils habitaient. Nous n'avons donc pu retrouver ces *Procès-verbaux* qui moisissent peut-être en quelque grenier. — Nous tenons à remercier ici les personnes qui se sont intéressées à nos recherches et y ont aidé, notamment MM. le Procureur général, à Caen, Chevreux, inspecteur général des Archives, ancien archiviste de la Seine-Inférieure, l'Archiviste du Calvados, Teissière, bâtonnier de l'Ordre des avocats de Caen, H. Prentout, professeur à la Faculté des Lettres de Caen, Lefèvre, professeur à l'École normale d'instituteurs du Calvados, Delarue, secrétaire de M. le Premier Président de la Cour d'appel, Lefèvre, Deshais et Grenout, de Monville, l'instituteur primaire de Clères et le secrétaire de la mairie de Monville.

MONVILLE EN 1848 [1]

PREMIÈRE PARTIE

I. *Ce que l'auteur veut écrire.* — Parmi les divers épisodes qui ont signalé en France la révolution de Février, je veux essayer de raconter ce qui s'est passé dans un simple bourg. Dans cette lutte de la bourgeoisie et du prolétariat, serai-je impartial ? Je ne le crois pas, et je ne tenterai même pas de l'être. Il est difficile, pour ne pas dire même impossible, lorsque on a vécu au milieu et qu'on a touché plus ou moins à ces évènements, de tenir pour les deux côtés la balance égale.

Écrivant ceci dans mes loisirs, sous forme de mémoires, n'ayant aucune envie, ni intention de publicité, je laisserai ma plume voltiger à son gré.

Bien que je doive rencontrer en chemin des sujets sérieux, lorsqu'il sera possible, je les prendrai par le côté comique ; car, on a beau dire, le Français aime toujours à rire ; sa gaîté se montre souvent dans les circonstances les plus graves.

Mais c'est assez de préambule comme cela ; comme je n'ai pas l'intention de remonter au déluge, ni de chercher à tâtons dans la nuit de l'histoire l'étymologie du mot Monville, ni comment ce pays fut érigé en baronnie, ni même de vous narrer la curieuse vie de son dernier baron (2), je vais de suite passer aux faits.

---

(1) Les manuscrits de Rouen et de Clères portent ce titre. Celui qui est resté dans la famille de l'auteur est intitulé : *Monville depuis 1848*. Il paraît donc que l'auteur eut l'intention de mener ses mémoires au delà de l'année en question. D'ailleurs, il annonce plus loin (I. IX) qu'il racontera une histoire dont il ne souffle mot. C'est que l'aventure à laquelle il fait allusion se passa en 1851 comme nous le montrerons (cf. I. IX). En outre, ce manuscrit porte la date du jour où l'auteur a commencé de recopier ses souvenirs : 29 août 1852. Mais il a dû les écrire avant cette date, si on l'en croit (cf. III. VIII), car il dit que le coup d'État vint en interrompre la rédaction. Il ne la reprit, pour les huit derniers chapitres, qu'en 1891. Ces huit derniers chapitres sont de la main d'un vieillard, d'une écriture incertaine et tremblante et on lit la date de 1891 au bas de la dernière page.

(2) Il s'agit du baron Boissel de Monville, qui fut maire jusqu'en 1846, mais se retira par suite de l'état de ses affaires qui avaient été mauvaises. On verra plus loin qu'il revint à Monville en 1848 et prit la parole devant le Club. (Arch. dép. M. Monville. Élec. mun.) — Thomas-Charles-Gaston Boissel, baron de Monville (1763-1832), son père, avait été conseiller au Parlement de Normandie et pair de France en 1815 ; il a laissé plusieurs écrits sur la navigation et la législation des cours d'eau, 2 v. *Description des Atomes*, et un in-8° intitulé *Peut-être !* (cf. Lebreton et Mme Oursel : *Biogr. Norm.*).

II. *Le 24 février à Monville.* — Tout le monde sait, ou doit savoir, que MM. Odilon Barrot et consorts inondèrent la France de banquets (1) plus ou moins libéraux, qu'ils assaisonnèrent comme avocats de fort belles phrases ; il s'agissait de savoir s'il fallait payer deux cents ou cent francs d'impôts pour avoir le droit d'être citoyen. Le peuple de Paris, qui n'avait pas banqueté, lui, et qui ne voyait rien à gagner là-dedans, laissa ces Messieurs crier à leur aise : Vive la Réforme, s'avisa un beau soir de balayer son vieux roi têtu et de proclamer la République.

Sans en prévoir l'issue, on connaissait à Monville le mouvement qui se faisait à Paris ; ce fut le 24 février, à 8 heures du soir, que l'on apprit à Monville la proclamation de la République à Paris ; cette nouvelle surprit généralement, on ne s'attendait pas à un pareil dénouement. Cependant, je dois le dire, et ceci a besoin d'être bien rappelé, la République n'effraya personne, elle fut même accueillie généralement avec joie ; les noms de Lamartine et Dupont de l'Eure excitèrent même de l'enthousiasme. La République fut reçue en province à peu près comme un homme qui vient, le soir, frapper à notre porte et qui nous montre un visage ami et bienveillant ; nous l'acceptons avec joie, avec plaisir, car il vient nous apporter de bonnes nouvelles ; pour lui, notre table sera servie, notre toit deviendra hospitalier ; bien qu'il ne fût pas attendu de si tôt, nous serons heureux de le recevoir. Je reviendrai, d'ailleurs, sur cette première impression que la République à son arrivée laissa partout. Heureux moment ! Pourquoi n'a-t-il duré plus longtemps ?

III. *Le diable dans un bénitier.* — Vous êtes-vous quelquefois figuré dans votre imagination que, si quelqu'un prenait le diable par les cornes et qu'un autre le tirât par la queue et qu'on le traînât ainsi à l'église sous prétexte de le baptiser, il ferait certes une grimace effroyable ! Hé bien, la chronique de l'époque prétend que le conseil municipal, qui avait prêté serment à Louis-Philippe, fit une aussi laide grimace lorsqu'il proclama la République au sein de la mairie ; mais, enfin, bon gré mal gré, l'affaire n'en fut

---

(1) Dans la Seine-Inférieure, au banquet de Rouen, les radicaux s'abstinrent absolument. Seule, la gauche d'opposition prit part au banquet, qui eut lieu au Tivoli-Normand de Petit-Quevilly, le 25 décembre, et fut présidé par Senard, (cf. Journaux à la date, et Castellane, *Mémoires*, IV, 1, page 9.)

pas moins faite (1). Quelques jours après, le peintre inscrivit sur la façade de la mairie : République Française, avec les trois mots sacramentels au-dessous.

Voilà donc la République proclamée et reconnue dans la commune. Ce fut le dernier acte de l'ancienne administration ; quelques jours après, le commissaire provisoire, en vertu de ses pouvoirs extraordinaires, la destitua.

Le titre de Maire et sa chaise curule changèrent de maître : hélas, qui pouvait donc prévoir que l'écharpe aux franges dorées soulèverait tant de luttes et d'animosité dans l'avenir? Et que les vieux conseillers expulsés de leur chaise en paille tenteraient pour venir s'y rasseoir tous les efforts que le désespoir a pu seul leur donner?

IV. *La Commission Provisoire [mars].* — Ce qui blessa surtout l'amour-propre de la bourgeoisie, ce fut la destitution des maires et des conseils municipaux dans les villages : on en a fait depuis un reproche grave au gouvernement. Je n'ai pas ici à examiner si les choix que l'on fit pour remplacer les anciens furent bons ou mauvais : seulement, je maintiens que le gouvernement d'alors était dans son droit en révoquant et en instituant. Les corps électifs étaient nommés par quelques privilégiés ; ainsi, par exemple,

---

(1) Voici la lettre d'adhésion au Gouvernement Provisoire adressée, le 6 mars, par le maire de Monville au commissaire général à Rouen : « *Commune de Monville. — Objet : Adhésion à la République et au Gouvernement Provisoire. — Du registre aux délibérations du Conseil municipal de Monville a été extrait ce qui suit : Du 5ᵉ jour du mois de mars, l'an 1848, à midi. Les membres du Conseil municipal dûment convoqués au lieu ordinaire de leurs séances, sous la présidence de M. le Maire, où étaient présents les Citoyens* Lemaître-Choisy, *maire;* Vadecard, *adjoint;* Chesneau, Hamel, Caron, Michel, Hulard, Enout, Saunier, Papillon, Filleul, Masselin, Levacher, Anquetil et Hardy, *conseillers municipaux. Après l'ouverture de la séance, M. le Maire s'exprime ainsi : Citoyens, La République est proclamée en France. Le peuple souverain a renversé la monarchie qui, depuis son avènement au trône, a usé tous les moyens en son pouvoir pour opprimer la Nation. La Royauté, désormais, n'est plus possible. Hâtons-nous d'offrir à la République et au Gouvernement Provisoire notre adhésion et notre énergique concours pour aider à la consolider. Je ne doute pas, Citoyens, que vous ne partagiez mes sentiments et que vous ne vous empressiez de crier avec moi : Vive la République! Vive le Gouvernement Provisoire! Tous ont répété : Vive la République! Vive le Gouvernement Provisoire! — A Monville, ce jour, mois et an que dessus. —* Lemaître-Choisy, *maire.* » — [Arch. Dép. M. Adhésions au Gouvernement de la République. Communes du Dép., année 1848.]

50 ou 60 électeurs pouvaient-ils en représenter 700 qui existaient au moment de l'arrivée du suffrage universel.

Le Peuple français rentrant dans la plénitude de ses droits ne devait aucun égard au système qui l'en avait exclu si longtemps.

M. P. (1), ancien huissier, fut nommé maire ; Châtel, médecin, adjoint ; les conseillers furent pris, en partie, dans la petite bourgeoisie, autrement dit les patentés, et l'autre partie dans les ouvriers de diverses professions ; on eut surtout soin de ne pas y mettre de rentiers, en opposition, sans doute, à l'égoïsme du dernier règne (2). On fut assez satisfait de la nouvelle administration, les ouvriers furent contents et la bourgeoisie s'exécuta avec assez de grâce (3).

---

(1) *Prévost*, que Leblanc écrit par erreur *Prévôt* dans ses différents manuscrits. On verra plus loin le rôle de Prévost (Zéphir). En 1852, il veut absolument se faire passer pour bonapartiste et, de fait, il prétend avoir été en relations avec les hommes de ce parti, dès 1848, et avoir aidé puissamment, dans la Seine-Inférieure, à l'élection de Louis-Napoléon pour la présidence. (Cf. III. i, note 1.) Il était encore conseiller municipal, en 1878. (Arch. dép. M : Monville. Élec. munic.).

(2) Filleul (cf. plus loin II, x), chef du bataillon de la Garde Nationale, avait proposé au Commissaire provisoire en une autre liste les noms de 26 citoyens que « la commune de Monville réclamait pour membres du Conseil municipal ». Il avait seulement adjoint aux conseillers en exercice quelques ouvriers sûrs des filatures. Deschamps repoussa cette proposition. Dans la minute du projet d'arrêté pour la dissolution du Conseil municipal et l'organisation de l'administration provisoire, le nom de Chesneau est d'abord inscrit pour les fonctions d'adjoint, puis rayé et celui de Châtel (Ferdinand), médecin, écrit de la main même du Commissaire. (Arch. dép. M : Monville. Élec. munic.).

(3) *Drapeau de la Garde Nationale.* — L'un des premiers soins de Prévost fut d'aller revendiquer à la Préfecture le drapeau de la Garde Nationale de Monville, le drapeau de 1789. — Ce drapeau a une assez curieuse histoire. Il est « entièrement de la main de Mme la baronne de Monville, née Sauterot. Il a été offert à la garde nationale de la commune, commandée par le baron, son mari. Lors de la dissolution de la Milice municipale, le drapeau a été conservé dans la famille de Monville, jusqu'en 1816. » Après le départ du baron-maire, il vint aux mains d'un autre habitant qui eut l'idée de l'arborer à sa fenêtre, le 1er mai 1847. « Considéré alors comme un emblème séditieux, il fut saisi et déposé aux Archives de la Seine-Inférieure. » En 1848, le propriétaire du drapeau et M. Prévost, maire, obtinrent de la Préfecture qu'il leur fût rendu. Mais il resta aux mains du premier, puis en 1860 fut donné à un ami par la famille de celui-ci. Exposé dans différents musées, il figura en 1889 à l'Exposition universelle. Le maire de Monville l'y fit saisir ; d'où long procès sans résultat, non plus que tout autre genre de démarches. A la mort du dernier détenteur il fut acheté à sa veuve par la municipalité. Elle le plaça sous verre dans la salle de ses délibérations. — (D'après la notice contenue dans le cadre où le drapeau est renfermé).

Un nouveau commissaire de police M. B. (1) fut également nommé, qui ne laissa pas dans la suite que de jouer un certain rôle.

V. *Les délégués.* — C'était un dimanche de mars ; quatre délégués d'un club de Rouen, étrangers au pays, vinrent à Monville (2). Bientôt le bruit se répandit qu'un Club allait avoir lieu après Vêpres ; personne ne savait ce que c'était qu'un Club ; on y vint donc plutôt par curiosité que par tout autre motif.

Châtel, adjoint, était au bureau avec les quatre autres. Ce bureau qui servait aussi de tribune était l'orchestre, car la salle de danse était le théâtre.

Ces citoyens firent des discours plus ou moins empreints de démocratie, le peuple les écouta avec beaucoup de calme ; Châtel termina la séance en annonçant qu'un Club intitulé *le Peuple* était organisé et qu'il y aurait des séances deux fois la semaine.

La *Marseillaise*, cet admirable hymne national, fut ensuite chantée avec le refrain en chœur. Un procès-verbal de cette première séance fut rédigé et signé par les délégués et Châtel. Maintenant était-il nécessaire alors d'établir des clubs ? Je n'hésite pas à me prononcer pour l'affirmative. Le droit de réunion et de discussion est au suffrage universel ce que sont à l'homme les

---

Le drapeau est un vaste rectangle de soie disposé comme ci-dessous :

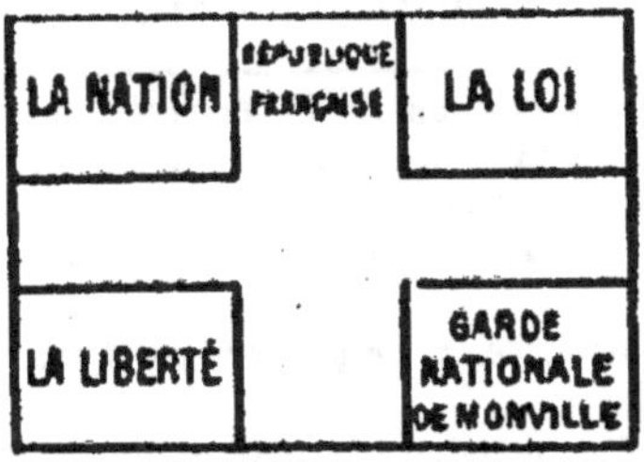

LA NATION — RÉPUBLIQUE FRANÇAISE — LA LOI

LA LIBERTÉ — GARDE NATIONALE DE MONVILLE

Le cartouche du centre comprend un faisceau de licteur avec pique et bonnet phrygien, le tout surchargé d'un drapeau qui croise un canon, et d'un tambour par dessus.

(1) *Bournisien.* Un commissariat de police avait été créé le 26 avril 1847 et fut supprimé au début de l'Empire. (Reg. aux délibérations du c. m. de Monville, à la date).

(2) Club démocratique de *Deschamps*, évidemment, puisque c'est Châtel qui les amenait. Deschamps, avocat à Rouen, avait été nommé commissaire provisoire du département.

pieds pour marcher, les bras pour agir, le cœur pour aimer, la tête pour penser.

Que les clubs aient dépassé le but qu'ils voulaient atteindre, je ne prétends pas non plus le nier : mais qui donc est surpris qu'un enfant tombe lorsqu'il apprend à marcher ?

VI. *Le Bureau du Club.* — Dans la première séance qui eut lieu ensuite, un bureau provisoire fut formé sous la présidence de Châtel, mais, en même temps, il annonça qu'une élection aurait lieu, deux jours après, pour un bureau définitif. Il déclina toute présidence et proposa un autre candidat.

On procéda donc à une élection dans laquelle plus de cinq cents citoyens votèrent ; c'était, si je puis m'exprimer ainsi, un essai de suffrage universel. Ce scrutin, qui avait eu lieu dans la journée, fut dépouillé, le soir, à la séance du Club.

Voici quel fut le résultat : sur cinquante bulletins, cinquante fois les mêmes noms sortirent, de sorte qu'on jugea inutile d'en dépouiller un plus grand nombre. Châtel proclama donc comme membres du bureau les citoyens Chesneau (1), président, Châtel (2), vice-président, Dubuc (3), Brument (4), adjoints, et F. Leblanc (5), secrétaire.

Ainsi, comme on le voit, il n'y eut ni abstention, ni cabale, ni division ; bourgeois et ouvriers, tout le monde tomba d'accord. Si le Club était coupable, tout le pays fut complice par ce vote, qui établissait le bureau par un vœu unanime et presque légal.

---

(1) *Chesneau*, propriétaire du château de la Bucaille, près Monville, maire provisoire du 10 mai au 11 juin 1848, après deux démissions, du 16 mai et du 8 juin. Élu comme républicain aux élections municipales de 1848, il avait quitté Monville en 1852, s'était retiré à Versailles, et fut considéré comme démissionnaire après le Coup d'État.

(2) L'âme de la démocratie avancée ; il emplit vraiment tous ces mémoires de ses mésaventures politiques.

(3) *Pierre-Pompée Dubuc*, fils de Dubuc, conseiller municipal sous la royauté de Juillet et le second empire. Né le 9 février 1813, médecin, le concurrent de Châtel et l'un des signataires de la pétition contre celui-ci, après l'élection municipale de ce dernier. Il alla plus tard s'installer à Paris, puis revint vivre de ses rentes à Monville. (Arch. dép. M : Monville. Élect. mun.)

(4) *Pierre Brument*, ouvrier fileur, candidat à la Constituante sur la liste du club démocratique (Deschamps), non élu ; il quitta Monville pour travailler comme contremaître à Torcy-le-Grand (Seine-Inférieure), revint vivre de ses rentes à Monville, où il se présenta au conseil municipal en 1887 et fut élu cinquième en 1888, réélu en 1892. (Arch. dép. M., id., id).

(5) L'auteur des présents mémoires.

Je suis heureux de pouvoir constater ici cette union, qui confondait toutes les classes et tous les partis, car il me faudra bientôt rechercher les causes de la division qui va commencer à paraître.

VII. *Physionomie du Club.* — Cependant, le foule se pressait aux séances du Club; les habitants des campagnes y venaient d'une lieue à la ronde, bien qu'il fallût retourner la nuit. La plupart des discours des orateurs roulaient sur les trois grands principes que la révolution venait d'annoncer; on repoussait toute solidarité avec la Terreur de 93 (1). Un jour, Châtel dit que s'il pouvait désirer Robespierre ce serait pour le voir pendre.

La propriété ne fut pas non plus menacée. Je me souviens d'un fait très significatif : Un homme, qui du reste n'était pas de Monville, s'avisa, au milieu de l'assemblée, de dire qu'il fallait démolir les chemins de fer (2) ; le président cria : « A bas le démolisseur ! » et ce fut une tempête contre ce malappris.

(1) Cette crainte se fait jour dans quelques actes d'adhésion au Gouvernement Provisoire. Plusieurs maires des communes de la Seine-Inférieure les signalent ; celui de *Gaillefontaine* (arrondissement de Neufchâtel) dit : *« Pourtant quelques personnes, reportant leurs pensées vers une autre époque (93), semblaient ne pas partager l'allégresse commune ; elles paraissaient dominées par une impression de tristesse ; elles assimilaient sans doute la révolution de 1793 à celle de 1818 ; si, avec un peu de réflexion, elles ne sont pas convaincues qu'entre l'une et l'autre il n'y a pas d'analogie, que les temps d'ailleurs ne sont pas les mêmes, l'avenir sans doute se chargera de modifier leur opinion.»* — Le maire de *Ronchois*, petite commune proche de la précédente, dit aussi : *« J'ai cru remarquer dans quelques personnes un peu de froideur pour la République, faisant valoir celle qui avait eu lieu en 1793 ; là, j'ai pris la parole, je leur ai expliqué ma pensée en leur faisant comprendre que la République d'aujourd'hui n'était pas comparable à celle de 1793 »*, etc. — De Saint-Pierre-en-Val, (canton d'Eu, arrondissement de Neufchâtel), le maire écrit : *« .... le peuple se soumet avec résignation aux événements ; seulement le mot République effraie, parce qu'on y attache le même sens qu'en 1793 ; j'espère que cette frayeur se dissipera.... »* — Et, enfin, le maire de *Bertreville-Saint-Ouen* (canton de Bacqueville, arrondissement de Dieppe), dans une proclamation très républicaine, remarque : *« Que ce mot de République ne nous épouvante pas...., ayons confiance en elle et ne tremblons pas, en 1818, aux souvenirs de 93. »* — A Fréville (arrondissement d'Yvetot), le futur maire Decorde envoie même une adhésion « qu'une partie du conseil municipal a refusé de signer ; ces messieurs, qui ont vu la République sanglante de 1793, refusent, par crainte, leur concours à l'établissement de celle-ci et effrayent les esprits timides en racontant les malheurs du règne de la Terreur. » (Arch. dép. M. Adhésions des communes au Gouvernement Provisoire, 1848.)

(2) L'inimitié contre les chemins de fer est fréquente dans toute la région. Au lendemain de la révolution, la plupart des ponts sur la ligne de Paris à Rouen

Une autre fois, un citoyen aisé, qui ne manquait pas d'esprit, mais qui bégayait, monta à la tribune et fit l'orateur ; je laisse à penser la scène. Hé bien, la foule contint son hilarité et respecta l'infirmité dont il était affligé.

Tous les discours étaient terminés par un immense cri de : *Vive la République* ; c'eût été un sacrilège de faire autrement. Avant de sortir on chantait la *Marseillaise, Mourir pour la patrie* et l'*Étincelle*, couplets patriotiques composés par le secrétaire et imprimés à mille exemplaires.

Ainsi, les commencements du club furent beaux. Je vais le laisser un instant dans sa pureté et passer à un autre ordre de faits.

VIII. *Un pot-au-feu fêlé.* — La crise commerciale qui pesa sur toute la France en 1848 se fit sentir à Monville d'une manière plus cruelle que partout ailleurs. La trombe de 1845 avait détruit trois filatures, fait un grand nombre de victimes et forcé beaucoup d'ouvriers à chercher du travail dans d'autres pays.

Deux autres filatures avaient été incendiées de fond en comble sans qu'on pût en rien sauver.

La déconfiture du baron de Monville avait mis en chômage forcé

---

furent endommagés. Une délégation des écoles entreprit une expédition contre les incendiaires. La municipalité rouennaise la reçut officiellement et lui offrit une collation. Elle avait arrêté plusieurs « incendiaires », parmi lesquels comptaient le mécanicien et les deux employés du remorqueur « Amiral-Duperré » (du port de Rouen). A la tête du corps expéditionnaire se trouvaient les commissaires spéciaux H. Dussard (qui devait succéder à Deschamps comme préfet provisoire) et Avril, futur commissaire de police à Rouen. Le 26 février, le *Journal de Rouen* annonce cinquante-deux arrestations d'incendiaires : « *Sur plusieurs de ceux qui ont été capturés, on a trouvé des sommes d'argent dont la possession par eux est très peu justifiée par leur extérieur* ». Insinuation que le même journal réfute aussitôt (27 février), en expliquant les attentats par des vengeances privées, aveuglements et préjugés « *où la passion politique n'a rien à voir* ». Et dans son supplément du 5 mars, il reproduit les paroles prononcées par l'avocat Sénard, lors de son installation comme procureur-général provisoire, à ce propos ; il remarquait « *de la part même des coupables moins de méchanceté et de colère que l'influence de l'absurde préjugé qui présente les chemins de fer et certains métiers comme des instruments de ruine* ». Il constatait la « *probité jusque dans la violence et la dévastation ; on a pris des armes partout, on n'a pas touché à une pièce de monnaie* », c'eût été cependant fort facile. Cette haine a persisté longtemps, en Normandie, contre les chemins de fer qui ruinent l'ouvrier, gâtent la moisson ! Un écho s'en retrouve dans un recueil de poèmes (Francis Yard : *L'An de la Terre*, Paris, Sansot, 1906), récemment paru, où l'auteur prête ces sentiments à un vieux paysan cauchois.

les cinq usines qu'il exploitait. M. Mouchelet en avait pris la suite et avait fait des dépenses énormes pour mettre ces établissements dans un état convenable ; le malheur voulut qu'il fasse faillite lorsqu'il était tout prêt de marcher (1).

La bourgeoisie, de son côté, souffrait ; les affaires allaient de mal en pire ; les transactions se faisaient difficilement ; les effets étaient protestés ; les propriétaires qui n'avaient, pour la plupart, qu'un modique revenu ne touchaient plus l'argent de leur loyer, de là malaise général (2).

Une scène digne du moyen-âge, et que les honnêtes gens de tous les partis doivent réprouver, avait eu lieu. Un filateur de Malaunay avait été traîné pieds nus jusqu'à Monville (3).

---

(1) Voir plus loin sur la situation industrielle : 1° Une lettre du commissaire de police Ligois, à Monville, au Préfet, le 8 juin 1848 (cf. II. ix, note 1) ; 2° la deuxième lettre de démission du second maire provisoire Chesneau (même date) (cf. II. xi, note 1, 2ᵉ lettre).

(2) Voir plus loin la deuxième lettre de démission du maire Chesneau (II. xi, note 1).

(3) *Le Journal de Rouen* (d'opposition dynastique avant le 24 février), du 9 mars 1848, raconte et apprécie comme suit les manifestations auxquelles il est fait allusion : « TROUBLES A MALAUNAY-MONVILLE. — *Le bruit s'était répandu dans la ville, hier, à la fin de la journée, que des désordres graves avaient éclaté dans les communes de Malaunay et de Monville. Les rumeurs qui circulaient à cette occasion avaient heureusement beaucoup exagéré le mal. Cependant, en le réduisant même dans les limites du vrai, il importe encore d'en blâmer énergiquement les auteurs et de les signaler à la vindicte des lois. — Des ouvriers formant un rassemblement nombreux se sont portés sur la commune de Malaunay et, là, ils se sont rendus à la filature exploitée par M. Lemoyne. Ils se sont emparés de sa personne, l'ont forcé à les suivre pieds nus jusqu'à Monville, en faisant entendre contre lui des menaces. Le maire de Malaunay, M. Hallet, s'est interposé. Il est parvenu à protéger M. Lemoyne contre de plus grandes violences. Arrivés à Monville, une transaction est intervenue sur la cause ou le prétexte de ce tumulte, qui paraît être une différence de salaire entre la filature de M. Lemoyne et quelques établissements de Maromme. M. Lemoyne a pu regagner tranquillement son domicile et tout était pacifié, lorsque sont arrivés le commissaire central et un détachement de cinquante hussards envoyés sur les lieux par le commissaire du Gouvernement à la nouvelle de ces désordres.*

« *On s'étonne du rôle passif conservé pendant toute cette scène de tumulte par la Garde nationale de Malaunay et par la Compagnie de pompiers, dont M. Lemoyne est le chef. La plupart des ouvriers composant le rassemblement paraissaient être des ouvriers inoffensifs plus attirés par la curiosité que par la colère. Quelques agitateurs, inconnus pour la plupart aux ouvriers eux-mêmes, semblent diriger seuls ces mouvements. Des motifs étrangers même aux intérêts des ouvriers étaient publiquement indiqués comme pouvant être la cause vraie de ces désordres. Quoi qu'il en soit, l'autorité est disposée à*

Supposez l'effroi que toutes ces causes réunies jetèrent dans la bourgeoisie, et le mouvement électrique que produisit sur les masses l'effet de leur émancipation subite, vous aurez le résultat de la situation du mois de mars 1848.

---

remonter à la source, et, quels que soient les auteurs de ces troubles qui n'ont pour résultat que de faire peser sur le Gouvernement nouveau la responsabilité indirecte de ces violences, ils seront l'objet d'une répresssion sévère. »

Le lendemain, 10 mars, le *Journal de Rouen* reprenait le même thème d'une excitation tout à fait étrangère à la question du salaire. Mais, après un appel au calme, il ajoutait à l'adresse des ouvriers : « *C'est pour eux un droit et un devoir de réclamer le redressement des abus qui, dans certains ateliers, se sont introduits à leur préjudice.* » Puis, après avoir évoqué « *le souvenir des cahiers du Tiers-État de 1789* », il invitait les travailleurs à préparer de nouveaux cahiers qu'ils remettraient à leurs futurs représentants à l'Assemblée nationale. — Du reste, le commissaire-provisoire Deschamps, après réunions de délégués patronaux et ouvriers, avait rendu un « *arrêté sur le travail dans les manufactures* » ce même 10 mars, arrêté qui pouvait être la « *charte temporaire de la filature et du tissage* » dans le département.

Le 10 mars, après les désordres, la Commission municipale provisoire de Malaunay avait fait, auprès du commissaire Deschamps, une démarche, mais elle n'avait pas rencontré le représentant du Gouvernement. Elle lui écrivit le jour même (elle envoyait son adhésion à la République) : « *Les premières occupations de la Commission ont été de reviser la liste des gardes nationaux inscrits et d'en former deux catégories, dont l'une puisse, au besoin, faire un service actif et utile pour la tranquillité afin d'éviter, s'il est possible, le renouvellement des scènes si déplorables entre les maîtres et les ouvriers, car j'ai eu à lutter seul avec le citoyen Lemoyne que je tenais étreint dans mes bras pour qu'il ne succombât pas sous les coups de ces furieux sans raison ; il ne faut pas en vouloir à la Garde nationale qui, d'abord, n'a pu être prévenue en temps de l'arrivée de cette masse d'hommes et qui se présentant ensuite isolément n'aurait pu s'en rendre maître* (sic), *d'autant plus que le plus petit nombre seulement sont munis d'armes. A cet effet, j'aurai l'honneur, citoyen, de vous voir sous peu pour savoir s'il n'y aurait pas moyen d'en obtenir du Gouvernement pour armer au moins les hommes sur lesquels il y aurait lieu de compter. Mallet, maire.* » (Arch. dép. : M. Adhésions des communes à la République. 1848.)

Tels sont donc les faits exacts puisés aux sources : Le 9 mars des ouvriers se portèrent sur Malaunay, se saisirent de la personne de M. Lemoyne, filateur, le conduisirent pieds nus à Monville, et là, le maire de Malaunay, M. Mallet, réussit à faire remettre le filateur en liberté. — Remarquons ensuite que d'autres troubles eurent lieu à Monville, le 28 avril : Planquette, à la tête des ouvriers, voulut aller à Malaunay rompre une arche du pont du chemin de fer ; Châtel rejoignit la bande et lui fit rebrousser chemin avant qu'elle eût pris contact avec la troupe envoyée pour la défense du pont. — Donc deux mouvements : l'un, du 9 mars, de Malaunay sur Monville ; l'autre, du 28 avril (cf. infra II, iii).

Or, M. Pierre de la Gorce (*Histoire de la Seconde République*, III, viii. 163), s'inspirant uniquement des débats en Cour d'assises de Caen (cf. infra, III° partie de ces présents mémoires ; la *Gazette des Tribunaux* est la seule source citée et sans doute la seule consultée par l'historien), M. de la Gorce dit après avoir parlé

IX. *Ateliers nationaux (avril)* (1). — Il fallait cependant donner du travail à quatre ou cinq cents ouvriers qui en manquaient et qui ne possédaient pas d'avances, car les années précédentes avaient été dures. Le pain avait coûté jusqu'à 60 centimes

---

de l'agitation dans les ateliers nationaux de Rouen : *De Rouen l'agitation s'étendait aux villes voisines : à Monville et à Malaunay des bandes d'ouvriers se portèrent sur les filatures et se livrèrent à des voies de fait sur les patrons.* Il y a là une exagération et une confusion bien explicables pour les besoins de l'accusation à Caen, et qui semblent avoir persisté chez l'historien : 1° Une seule bande se porta d'une seule ville à la voisine sur un seul patron et nullement sur les filatures, et cela le 9 mars ; 2° l'agitation, cette fois, ne vint pas de Rouen ; l'auteur anticipe de plus d'un mois ; c'est seulement à la suite des émeutes de Rouen qu'une démarche eut lieu, comme on le verra, de Monville vers Malaunay, le 28 avril, pour porter secours à l'émeute rouennaise. — Plus tard, le commissaire Bournisien dénonça le maire de Malaunay qui, lors de l'affaire du 28 avril, à Rouen, « a voulu délivrer des fusils aux perturbateurs malgré la Garde nationale et s'entend avec Châtel, médecin à Monville », calomnie qui juge les témoignages de ce commissaire, l'un des plus acharnés ennemis de Châtel. (Dossier Châtel, Greffe Cour d'appel. — Caen).

(1) Ces ateliers nationaux ne sont que la suite d'ateliers de charité organisés bien auparavant par les communes (telles, en Seine-Inférieure encore, Rouen, Le Havre, Montivilliers). L'État — ou le département — intervient dès 1847. Le 27 février, la municipalité de Monville réclame une subvention de la Préfecture sous ces considérants « que la position des indigents devient de plus en plus inquiétante ; que, déjà, la catastrophe du 19 août 1845 avait mis une partie des familles sans travail par suite du renversement de plusieurs filatures (quatre), qui ne sont pas encore reconstruites ; que nos manufactures sont dans un état déplorable à cause de la crise commerciale ; que toutes ont déjà diminué d'un tiers à la moitié la durée de leur travail, et que, si les affaires ne s'améliorent pas, il est à craindre que nos industriels ne se trouvent forcés de suspendre entièrement, tel que l'ont déjà fait quelques-uns dans plusieurs localités ; ce qui, joint à la cherté du pain et la saison rigoureuse où nous sommes, menace la classe ouvrière de la plus effrayante misère..... » Il s'agit donc « d'augmenter l'atelier de charité pour occuper les malheureux valides qui, en ce moment, sont privés de travail. » (Monville, Registre aux délib. du Cons. munic., 27 fév. 1847.) Les travaux ont lieu, naturellement, sur les chemins. Monville reçut 8,000 francs d'abord sur l'emprunt consenti par l'État au département (400,000 francs couverts en 1847, sur 500,000 demandés) pour soutenir ou créer les ateliers de charité. En 1848 (mars), sur les 48,000 francs disponibles encore de cet emprunt, Monville touche 1,000 et 2,000 francs (*Journal de Rouen*, 9 mars), puis 3,000 encore (*Journal de Rouen*, 23 avril). Enfin, sur une somme de 10,000 francs que l'archevêque de Rouen venait de remettre au commissaire général du département (cet argent provenait des quêtes faites dans les églises pour les victimes de la trombe de Monville-Malaunay survenue le 19 août 1845, somme attribuée d'abord à des messes perpétuelles, puis remise pour organiser des secours), Monville eut encore 4,000 francs, mais qui arrivèrent en juin, époque où les ateliers se vidaient déjà, car le Conseil municipal demande d'en attribuer une partie au bureau de bienfaisance. (Reg. aux délib. du Cons. mun., 18 juin 1848.) — Quant au salaire des ateliers de charité, il dépassait 1 franc avant août 1847, et fut ramené ensuite à ce

le kilo et les filatures ne travaillaient en moyenne que de 3 à 4 jours par semaine.

Il fut donc organisé des travaux de terrassement sur le chemin de grande communication que l'on construisait de Monville à Isneauville.

Les ouvriers gagnaient 85 centimes par jour ; c'était assez pour ne pas mourir de faim. Il est vrai aussi qu'ils n'en faisaient guère parce qu'ils n'étaient pas habitués à de semblables travaux.

Quelquefois de soi-disant orateurs montaient sur des tertres de terrain et haranguaient la foule en parodiant le Club : ce n'étaient pas les scènes les moins curieuses de cette époque, si fécondes en événements de toutes sortes.

Ce chemin qui fut construit de la manière la plus anormale du monde devait être plus tard la cause de la division et de l'animosité qui existèrent depuis entre P. D. et le maire actuel.

Cette affaire me donnera lieu dans la suite de raconter l'histoire la plus étonnante, la plus incroyable et la plus étourdissante que jamais plume d'écrivain ait racontée depuis Moïse (1).

X. *Un Portrait Révolutionnaire.* — L'influence de Châtel grandissait de jour en jour. Je vais m'arrêter un instant à tracer quelques traits de son caractère.

Châtel était d'une taille élancée et svelte, il avait le teint brun et un peu méridional, sa physionomie était expressive ; doué

---

prix : « d'après la diminution du prix du pain depuis quelques semaines, il serait raisonnable de diminuer le taux de la journée des ouvriers et d'en réduire le maximum à 1 franc ; ils seront encore dans une meilleure position qu'ils n'étaient il y a quelques mois, attendu que le prix du pain était beaucoup plus élevé et qu'avec cette réduction les travaux pourront se prolonger plus longtemps. » (Id., id., août 1847.) Mais les salaires furent ensuite très inférieurs, d'après ce que nous dit Leblanc et aussi le maire Gaillard ; cf. plus loin II, xi, note 1, p. 40.

(1) Au moment où Leblanc écrit ses souvenirs (1851), le maire *actuel* est L. Papillon (cf. II, xxii). On ne comprend pas très bien la réserve que s'impose l'auteur à propos de P. D. — Selon toute apparence il s'agit de Pierre Dubuc (père) qui, d'après le dossier des *Élections communales de Monville* (Arch. dép. M.), donna sa démission de conseiller municipal, en décembre 1848, au sujet d'un chemin dont son intérêt personnel voulait la réparation. Sur avis contraire du Conseil il se retira. Mais le 8 août 1851 il reprit sa démission, et voulut rentrer au Conseil. Le maire s'y refusa, d'où pétitions, intrigues, autour de cette tardive volte-face. Peut-être Leblanc sut-il les détails grotesques de la lutte, car il signa une pétition en faveur de Dubuc père. En tout cas, la phrase prouve qu'au moment où Leblanc l'écrit, il a l'intention de pousser son récit au delà de l'année 1848 (Cf. I, i, note 1).

d'une imagination vive, d'une facilité d'élocution rare chez un homme qui n'avait pas l'habitude de manier la parole, Châtel avait tout ce qu'il faut pour passionner les masses ; ses défauts même le rendaient populaire. On comprend qu'un tel homme dût se lancer tête baissée dans les idées nouvelles que la révolution venait d'apporter (1).

Comme adjoint et comme représentant le Club (car Châtel était de fait le président), ses relations avec le Comité démocratique et les autres clubs de Rouen devinrent fréquentes. Il se dévoua corps et âme à la cause de la Démocratie et fit tout ce qu'il put pour la faire triompher. Il stimulait le zèle des républicains, faisait des excursions dans les clubs des environs et prenait toujours la parole.

On a prétendu que ce zèle cachait de l'ambition, et qu'il espérait être récompensé si sa cause avait réussi. Qui peut l'affirmer ? Qui peut le nier ? Dieu seul sonde les reins et les cœurs.

Ses ennemis lui ont reproché aussi l'exagération de ses idées ; mais empêchez donc en temps de révolution la foudre de gronder, l'océan de mugir et le torrent de dévaster.

A côté de Châtel, côté sérieux, je vais mettre en regard Planquette, côté plaisant.

XI. *Discours d'un Citoyen.* — En ce temps-là le citoyen Planquette (2) monta à la tribune et tint à peu près ce langage :
« Citoyens, au jour d'aujourd'hui que le commerce de mes affaires ne m'empêche pas de venir parmi vous, car vous le savez, citoyens, je suis négociant en fil et en ruban, ce qui m'a forcé de m'absenter, mais me voilà de retour. Je savais bien que vous m'aspiriez depuis longtemps à cette tribune.

« Au jour d'aujourd'hui vous êtes embarrassés, dites-vous, pour choisir des candidats à l'assemblée, hé bien, citoyens, qu'avez-vous besoin d'aller chercher si loin, n'avons-nous pas parmi nous des hommes capables ? Qui vous empêche, par exemple, de voter pour votre citoyen président et pour le vice-président ?

---

(1) Ferdinand-Cyrille CHATEL, 31 ans, né à Rougemontiers (Eure). Un témoin à Caen, dit : « Châtel exerçait une influence fâcheuse sur les ouvriers, il était leur idole. ». — [Cour d'assises de Caen : Procès 20-21 déc. 1848].

(2) Étienne-Arsène Planquette, marchand de rubans, à Monville, 30 ans, né à Baons-le-Comte (Seine-Inférieure).

« Avant de finir, citoyens, je veux vous régaler au jour d'aujourd'hui d'une chanson républicaine que je tiens de mes ancêtres. »

Là-dessus le citoyen Planquette se met à chanter les couplets les plus ébouriffants qu'il soit possible d'imaginer. Ces scènes avaient toujours un succès de rire. Qui pouvait prévoir alors que de pareilles plaisanteries mèneraient si loin ?

Je vais encore raconter un fait qui prouve la tolérance de la foule. Un orateur venait de terminer un discours, on applaudissait : un citoyen voulant exprimer son approbation se met à crier par mégarde : Vive le Roi ; un rire général succéda à la surprise et celui qui fit l'erreur rit plus fort que les autres.

Si l'on se trompait ainsi par le temps qui court, qui sait où cela pourrait conduire ?

XII. *Le Club à Rouen.* — Le 9 avril une cérémonie imposante eut lieu à Rouen ; c'était la plantation de l'Arbre de la Liberté sur la place du Champ-de-Mars.

Le Club de Monville, ainsi que ceux des environs, se trouvait à cette fête : chaque club avait son drapeau, les commissaires, désignés exprès, des brassards, et les autres citoyens des rubans tricolores.

On pouvait remarquer sur le port, parmi les maisons pavoisées, un magnifique drapeau sur lequel se détachaient de nombreuses étoiles d'argent ; c'était celui du Consulat des États-Unis.

Un monument représentant l'Union et la Force était élevé sur le Champ-de-Mars, les autorités étaient sur une estrade faite exprès pour cette fête.

L'Archevêque finissait à peine son discours qu'un orage éclata ; la foudre grondait et la pluie tombait par torrents, ce qui n'empêcha pas le citoyen Deschamps de faire son discours. Le lendemain le *Journal de Rouen* comparait l'Arbre de la Liberté aux Tables de la Loi que Moïse reçut au milieu de la foudre et des éclairs.

C'était un spectacle imposant que celui de ce peuple immense défilant auprès de l'arbre consacré et sanctifié, le saluant de son regard et de ses acclamations.

On peut arracher ces emblèmes, en disperser les rameaux au vent, mais on n'efface pas de pareils jours de l'histoire d'un peuple ; ils restent gravés dans son cœur.

Le Club revint comme il avait été, en chantant ; on fit le tour du bourg et l'on reconduisit Châtel à son domicile : ce qui, soit dit en passant, ne fit pas plaisir aux bourgeois, car eux n'avaient pas voulu participer à cette fête (1).

XIII. *Un Baron au Club.* — M. de Monville vint deux fois au club, de Paris qu'il habitait depuis son infortune.

Il était aimé des ouvriers et des bourgeois ; en vendant et en morcelant ses propriétés, il avait augmenté Monville ; sa ruine avait enrichi le pays ; lui seul aurait pu contrebalancer l'influence de Châtel. Dans la première séance il discuta longtemps avec Châtel et finit enfin par tomber d'accord sur les principes ; seulement, il aurait désiré que Châtel proposât sa candidature dans les clubs de Rouen, ce dont Châtel se souciait fort peu, craignant sans doute que le sang noble qui coulait dans ses veines ne reprît plus tard le dessus.

La seconde fois Châtel était absent. Le baron proposa la liste du comité Desseaux-Senard (2) qui venait de paraître, il la trouvait fort bonne et soutenait que ses candidats étaient républicains ; le peuple approuvait. Lorsque tout à coup Châtel qui arrivait de Rouen, fend la foule, s'élance à la tribune et s'empare de la liste que M. de Monville tenait à la main. Il prend la parole, combat cette liste avec énergie et fait l'éloge de celle du Comité démocratique (3) qu'il apportait avec lui ; les ouvriers l'applaudissent avec force ; il reprend ainsi son ascendant sur eux ; mais en même temps il fut perdu dans l'esprit de la bourgeoisie, de ce jour sa condamnation fut écrite.

XIV. *Division.* — Tandis que Louis Blanc expliquait ses théories dans le palais du Luxembourg, des difficultés sans cesse renaissantes s'élevaient entre les filateurs et leurs ouvriers ; ceux-ci demandaient une chose, juste d'ailleurs, et qui leur fut accordée depuis, la réduction des heures de travail, car les hommes travaillaient jusqu'à quinze heures par jour, c'était cinq heures de plus

---

(1) Cf. Les journaux de Rouen, à la date, et Castellane : *Journal* IV, ii, p. 57.

(2) Desseaux, avocat ; l'un des chefs du parti modéré, mais plus avancé que Senard, et vénérable d'une des loges maçonniques rouennaises (*Journal de Rouen*, 19 avril 1847).

(3) Liste Deschamps.

qu'un cheval. Une question plus difficile à résoudre était celle du tarif des salaires : les ouvriers demandaient à être payés un centime le numéro pour les cotons filés. Des délégués parmi les maîtres et les ouvriers furent choisis, des conférences eurent lieu en présence de M. Deschamps (1), on s'entendit quelquefois ; mais cela n'amena aucune solution : car le commerce allant mal, le moment était peut-être mal choisi pour de semblables exigences. Toutes ces questions jetaient toujours des germes de division.

On était loin d'être d'accord aussi au club. Le président, M. Chesneau, et deux membres du bureau étaient pour la liste Senard (2) ; Châtel et l'autre membre étaient pour la liste Deschamps.

Le club nomma trois délégués pour aller étudier les clubs de Rouen. Leur rapport fut ce qu'il devait être ; comment démêler la vérité à travers la diversité des opinions qui se faisaient jour publiquement ?

C'était pêcher en eau trouble.

XV. *Un Candidat.* — Le Comité démocratique mit sur sa liste un membre du bureau du club de Monville. C'était Pierre Brument, ouvrier fileur.

Ce candidat était honorable sous tous les rapports, comme homme privé, mais avait-il assez de capacité et de connaissances spéciales pour être constituant ?

Ceci n'est point un reproche que je veux adresser, ou si c'en est un, il doit retomber sur l'incurie du gouvernement de Juillet qui ne s'occupait ni de l'instruction ni de l'émancipation du peuple.

Je suis partisan autant et peut-être plus qu'un autre des candidats ouvriers, mais pour cela il faudrait faire leur éducation politique.

Qu'on me permette à ce sujet quelques idées :

Nous avons, par exemple, des écoles pour toutes les sciences et tous les arts, pourquoi n'aurions-nous pas dans les villages des cours de politique où l'on expliquerait les droits et les devoirs du citoyen ?

---

(1) Principale réunion, le 10 mars 1848, à la Préfecture (Cf. Journaux de Rouen à la date) et autres réunions, depuis, à plusieurs reprises.

(2) C'étaient évidemment Leblanc et Dubuc fils, puisque l'autre membre du bureau, l'ouvrier Brument, était sur la liste Deschamps.

Un orateur du gouvernement, je suppose, prendrait la parole, chacun pourrait faire ses objections, la discussion serait renfermée dans de sages limites que nul ne pourrait franchir.

Car enfin, puisqu'on veut que le peuple vote, prétend-on qu'il ressemblera toujours aux rouages d'une filature qu'une seule roue met en mouvement?

On peut avoir là-dessus des systèmes différents, mais ce qu'il y a de certain, c'est que pour que le suffrage universel règne il faut au peuple une éducation politique (1).

XVI. *L'Arbre de la Liberté.* — Le dimanche des Rameaux, un peuplier fut orné de couronnes et de rubans tricolores et promené ainsi dans le milieu du bourg ; il fut ensuite planté sur la place d'Armes, vis-à-vis de l'église.

Après la messe, les autorités civiles et religieuses, la garde nationale et le club procédèrent à la cérémonie.

Il fut béni par le vicaire, on a prétendu que le curé était malade, ce qui motivait son absence. Des discours furent prononcés par le vicaire, le maire, l'adjoint, le chef de bataillon, le président du club et deux autres membres du club.

Le greffier de la mairie chanta un hymne à l'Être suprême qui fut suivi de la *Marseillaise.* Comme l'arbre de la Liberté de Rouen avait été coupé, il fut convenu, d'accord avec le commandant que les ouvriers monteraient la garde autour pendant la nuit. Je vais transcrire ici le discours du secrétaire du club pour montrer quelles étaient les idées d'alors (2).

---

(1) Brument obtint un peu plus de 20,500 voix dans la Seine-Inférieure et fut classé environ 40ᵉ.

(2) Le *Journal de Rouen* (18 avril 1848) rend compte de cette cérémonie qui avait eu lieu le 16. La fête fut fort belle! le bataillon de la garde nationale étant au complet, la brigade de gendarmerie de Clères, les maires, adjoints, conseillers municipaux des communes voisines y assistaient. « Avant sa plantation l'arbre a été promené avec un cortège de 2,000 citoyens ayant tambours et musique en tête; ce cortège a défilé avec beaucoup de précision et est venu se placer en carré à l'endroit où l'arbre devait être planté. Après la cérémonie religieuse le citoyen Prévost, maire de Monville, a pris la parole et a prononcé un discours empreint des sentiments qui font le bon et sincère républicain. Ce discours a été vivement applaudi. Les citoyens Chesneau, président du club de Monville; Châtel, adjoint au maire; Filleul, chef du bataillon de la garde nationale, et Dubuc ont ensuite parlé. Tous ont vu leur allocution saluée des cris de « Vive la République ». Enfin on a lu des vers faits pour la circonstance, par le citoyen

Dans ce jour solennel où cet arbre est planté,
Répétons tous ce cri : Liberté ! Liberté !
Les peuples à ce mot ont tressailli de joie.
Dans leurs flots agités, la royauté se noie ;
L'ancien monde a partout secoué sa torpeur,
Il se lève, il triomphe. Aurait-il donc eu peur
De systèmes vieillis sans force, sans puissance,
Des trônes vermoulus tombant en décadence ?
Qu'ont fait les Rois voyant le peuple aussi puissant ?
Ils ont fui ; voyez-les partir en pâlissant,
Mendier l'un chez l'autre un refuge inutile,
Car les pays voisins qui leur donnent asile
Vont suivre notre exemple, et nous le pressentons.
Peuple, image du peuple, arbre que nous plantons,
D'un avenir heureux sois pour nous le présage,
Que tes rameaux naissants nous prêtent leur ombrage !
Puissions-nous au printemps le voir verdir, pousser,
Et bientôt jusqu'au ciel ta tige s'élancer !
Nous veillerons sur toi, le devoir nous l'impose.
Et toi, qui sur un arbre es mort pour notre cause,
Christ, tu vois tes enfants qui t'implorent ici.
Nous nous unissons tous et tes prêtres aussi.
Que ton regard céleste abaissé sur la terre
Soit contre la tempête un abri salutaire,
Daigne exaucer les vœux de tous les assistants,
Bénis enfin cet arbre et nous en même temps.

XVII. *Un club en dehors le Club.* — Dans la semaine qui précéda les élections, des réunions eurent lieu chez Châtel, le soir.

N'ayant reçu là-dessus que des renseignements contradictoires, on comprendra ma réserve. Etait-ce simplement pour donner des listes ou pour tramer un complot ? Je n'en sais rien. Un témoin a déposé à Caen qu'étant allé le soir chez Châtel, sa femme était

---

Leblanc, ouvrier à Monville. Un hymne à l'Éternel a été chanté et mis en vente immédiatement, au profit des pauvres, par le citoyen Véraquin, secrétaire de la mairie ». Des quêtes eurent lieu pour les ouvriers sans travail, des illuminations le soir vinrent animer les maisons qu'on avait pavoisées.

Ajoutons qu'il est exact qu'à Rouen l'arbre de la Liberté avait été coupé pendant la nuit du 11 au 12 avril, mais une procession populaire se forma et les clubs démocratiques plantèrent quatre peupliers au lieu d'un. (*Journal de Rouen*, 13 avril 1848, et Castellane, *Journal*, IV, II, p. 50.)

entrée dans la salle et lui avait dit : Tout est prêt. — L'accusation concluait de là que tout était prêt pour une émeute, tandis que Châtel soutenait, au contraire, que sa femme venait simplement lui dire que tout était prêt... pour dîner.

La révolution de Février avait été faite au nom du droit de réunion ; ce droit était donc alors illimité ; mais Châtel n'en avait pas moins tort de tenir ces réunions, puisqu'il y avait un club où, selon lui-même, chacun pouvait émettre les opinions les plus différentes.

La bourgeoisie commençait à avoir peur et l'on comprend que tout ceci n'était pas fait pour la rassurer.

XVIII. *Coup d'œil sur les listes.* — Quatre listes différentes circulaient et se croisaient en tous sens. C'étaient des quatre comités suivants : *Les amis de l'ordre et de la liberté* (parti légitimiste), le *Comité départemental*, ou Taillet (1) (parti orléaniste), le *Comité central*, ou Senard (2) (parti républicain modéré), et, enfin, le *Comité démocratique*, ou Deschamps (parti avancé).

Les trois premiers comités fusionnèrent ensemble à 6 ou 7 noms près. La majorité de ces candidats appartenait à l'opinion républicaine ; le comité Senard maintint Deschamps sur sa liste.

Les candidats de la liste démocratique se composaient moitié de noms connus pour leurs opinions démocratiques, et l'autre moitié de noms pris parmi la classe ouvrière et totalement inconnus.

Cette liste était, certes, la plus républicaine ; mais on lui reprochait le peu de capacité d'une partie de ses membres.

Les électeurs donnèrent raison aux listes fusionnées ; toutefois, ce fut la liste Taillet qui l'emporta sur toutes. Ce comité conserva depuis une suprématie sur toutes les élections qui eurent lieu dans le département.

XIX. *Fin du club. Bagarre.* — J'ai déjà dit que M. Chesneau, président du club, était partisan de la liste Senard, mais Châtel

---

(1) Athanase-François Taillet (1783-1857), avocat à Rouen, plusieurs fois bâtonnier.

(2) Le *Journal de Rouen* portait la liste Senard-Deschamps et protesta publiquement contre toute alliance avec des hommes qui n'étaient pas sur sa liste. Senard fut élu ; ni Desseaux, ni Deschamps n'eurent la majorité.

avait si bien fait qu'il avait annulé son influence. M. Chesneau résolut, enfin, d'accord avec les deux autres membres de son opinion, de porter un coup décisif et de proposer d'une manière nette et franche ses candidats; dans le cas où il serait refusé, il devait se retirer.

Cette fameuse séance eut enfin lieu, malgré quelques obstacles qu'on voulut y apporter. Le commissaire de police voulait placer des gardes nationaux dans la salle, c'était le vrai moyen d'amener du trouble au lieu de l'éluder.

M. Chesneau prononça un discours dans lequel il déclara qu'il se rangeait sous la bannière du Comité central républicain et engageait ses auditeurs à le suivre dans cette voie. Il fut écouté avec respect, mais peu applaudi.

La séance se passait à peu près comme d'habitude, lorsqu'un incident est venu tout mettre en déroute. L'instituteur de Barentin (1), espèce de démagogue, monta à la tribune, malgré le refus du bureau. Il pataugea dans tout ce qu'il dit; on crie: à bas! d'autres applaudissent. M. Chesneau essaie vainement de rétablir l'ordre; son autorité est méconnue. Il déclare alors devoir se retirer; deux autres membres en font autant; ce fut le signal d'une bagarre.

M. Chesneau était gros et court, il ne put passer à travers la foule; pendant un instant on le crut perdu, mais il était sorti par une porte dérobée. Dans la salle, la déroute était complète, les deux partis, qui se trouvaient aux prises, se bousculaient et se chamaillaient; quelques citoyens furent passés à la porte lestement.

Ainsi finit le club, le commencement était bien, la fin en fut ridicule.

Je transcris ici la chanson l'*Étincelle*, telle qu'elle fut imprimée.

XX. — COUPLETS chantés, le 28 mars 1848, au Club républicain, LE PEUPLE, organisé à Monville, canton de Clères, et composés par le citoyen F. LEBLANC, ouvrier, secrétaire dudit club.

---

(1) Grosse commune manufacturière de l'arrondissement de Rouen.

L'ÉTINCELLE

Air d'Oscar ou du Héros d'Afrique.

Oh ! qu'elle est loin cette époque héroïque,
Où tout tremblait sous nos pas triomphants !
La France dort ; son sommeil léthargique
A refroidi le cœur de ses enfants.
Pour raffermir notre ardeur qui chancelle,
Vers le passé, Français, jetons les yeux :
Gardons encore une noble étincelle   } *bis.*
Du feu sacré dont brûlaient nos aïeux.

La France, alors, dans un élan sublime,
Lance un défi qui fait pâlir les rois ;
L'Europe, en vain, s'arme contre le crime
Qui, des tyrans, vient d'attaquer les droits.
Notre drapeau sur le monde rebelle
Va promener ses plis victorieux :
Gardons encore une noble étincelle   } *bis.*
Du feu sacré dont brûlaient nos aïeux.

N'avons-nous plus au fond de nos artères
Cette chaleur qui fait les dévouements ?
Le front courbé sous le poids des misères,
Nous murmurons, nous comptons nos tourments.
Pour traverser une épreuve cruelle,
Qu'à notre temps ont réservé les cieux,
Gardons encore une noble étincelle   } *bis.*
Du feu sacré dont brûlaient nos aïeux.

Sous un pouvoir qui glace et qui consterne
Des jeunes cœurs le généreux essor,
On vit briller dans l'histoire moderne
Les noms d'Isly, Tanger et Mogador.
En relisant cette page immortelle,
Qui vient se joindre à nos faits glorieux,
Gardons encore une noble étincelle   } *bis.*
Du feu sacré dont brûlaient nos aïeux.

Mais, quoi ! soudain la France se réveille ;
Son dernier roi tombe sous le mépris ;
Le monde entier admire la merveille
Que lui montra le peuple de Paris,
Lorsqu'aujourd'hui s'ouvre une ère nouvelle,
Pour nous servir de nos droits précieux,
Gardons encore une noble étincelle   } *bis.*
Du feu sacré dont brûlaient nos aïeux.

XXI. *Épilogue.* — Je viens de raconter sommairement les faits d'une époque qui est rapprochée de nous par les dates et qui pourtant est bien oubliée et méconnue.

J'ai tâché de remettre les choses à leur vraie place ; on a tant dit et tant écrit là-dessus, que l'on ne sait plus guère où trouver la vérité ; les journaux surtout ont tout embrouillé : à force d'entendre répéter des mensonges on finit par les prendre pour des vérités.

Je n'ai pris de renseignements de personne ; je n'écris que ce que j'ai vu et entendu, il ne me faut pour cela que de la mémoire et de la bonne volonté. Je m'appuie surtout sur les faits, qui prouvent toujours mieux que les raisonnements.

A en croire certaines gens, nous aurions traversé cette époque les pieds dans le sang.

Hé bien ! que chacun fasse comme moi, que l'on cherche dans ses souvenirs à retracer cette histoire, et ensuite je vous demanderai, la main sur la conscience, si ce temps a été aussi terrible comme on l'a fait depuis.

SECONDE PARTIE

I. *Vox populi, rox Dei* [23 avril]. — Le dimanche de Pâques 1848 est un des plus beaux jours qui seront enregistrés dans l'histoire de notre nation.

Un soleil resplendissant éclairait de ses chauds rayons nos coteaux boisés qui commençaient à verdir ; on eût dit que le réveil de la nature s'unissait au réveil de tout un peuple.

Jamais enthousiasme ne fut aussi grand et aussi vrai ! Les électeurs de Monville, au nombre de 700, partirent ensemble pour se rendre à Clères, chef-lieu du canton ; les drapeaux tricolores flottaient joyeusement dans les airs et la musique du bataillon jouait des airs nationaux.

Fait unique peut-être dans l'histoire de la chrétienté, le jour de Pâques les églises étaient désertes et abandonnées ; les prêtres, quittant la lettre pour l'esprit, avaient été entraînés par l'élan général ; dans plusieurs villages, revêtus des emblèmes sacrés, ils arrivaient en chantant le *Veni Creator*.

N'était-ce pas en effet une véritable communion que celle qui conviait tous les citoyens, riches et pauvres, à la même table ?

N'était-ce pas suivre le précepte de celui qui avait dit : « Prenez et mangez-en tous (1). »

------

(1) L'enthousiasme de l'auteur n'est contredit que par un petit fait : une plainte fut adressée, le 18 mai 1848, par trente-neuf électeurs de Monville contre le secrétaire de la mairie, qui avait négligé l'inscription de leurs noms sur les registres, pour cette élection législative. Au nombre des signataires se trouve Brument, candidat, et deux autres membres de sa famille, Planquette, un futur conseiller municipal: Grenout, coiffeur, etc.... La protestation est appuyée par Châtel auprès du secrétaire de la préfecture, Davenay. (Arch. dép., M. Monville, élections communales.)

L'appel nominal des votants fait par ordre alphabétique, sans distinction de rang ni d'âge, c'était le signe le plus grand de l'égalité devant la loi.

Cette journée se termina dans le plus grand ordre, chacun avait compris la sainteté de l'acte qu'on venait d'accomplir.

Le soir, un habitant de Monville, en rentrant chez lui, cria : « Vive l'Empereur ! » ; c'était le cri de l'avenir.

II. *Sentinelle, garde à vous !* — Les ouvriers, comme je l'ai dit, montaient la garde, la nuit, auprès de l'arbre de la liberté ; ils occupaient le corps de garde qui était garni de trois fusils rouillés ; comme la place où était l'arbre se trouvait écartée, on envoyait une sentinelle faire la faction alternativement. Or, il arriva, dans la nuit du 27 au 28, que les hommes de faction, qui montaient la garde, criaient, à peu près toutes les cinq minutes, d'une voix de stentor : « Sentinelle, garde à vous ! » Le poste répondait à ce cri, de sorte qu'il fut impossible aux habitants du bourg de fermer l'œil. Ce fut une des plus terribles nuits que les bourgeois de Monville aient passées ; ils croyaient que leur dernière heure avait sonné et que les insurgés allaient venir les dévorer.

Ils barricadèrent leurs portes et passèrent la nuit chez eux, armés jusqu'aux dents. La peur glaçait tous leurs membres, un frisson courait sur tout leur corps, leurs cheveux se hérissaient d'effroi ; dans quelques maisons, outre les fusils qui étaient chargés, on plaçait, à l'entrée des portes, des sabres croisés.

Dans cette extrémité, on ne trouva plus d'autre moyen pour sauver Monville, qui allait être à feu et à sang, que d'envoyer M. Bournisien, commissaire de police, à Rouen pour demander à M. Senard, qui avait alors une haute influence, une garnison de soldats sous le plus bref délai, afin de rendre aux bourgeois la paix et la tranquillité qu'on leur avaient si traîtreusement dérobées (1).

---

(1) *Les vallées industrielles* avaient toujours donné de la crainte aux hommes du parti conservateur. Au procès de novembre sur les émeutes d'avril à Rouen, le président, Lonféron de Longcamp, exposant les faits, disait : « Pendant que des colonnes d'attaques opéraient dans le faubourg Saint-Sever, des mesures étaient prises, par l'autorité supérieure militaire, pour protéger la ville contre l'invasion des ouvriers qu'on disait venir des vallées de Déville, Maromme, Monville et Malaunay. » On avait occupé militairement le Mont-Riboudet, au nord-ouest de la ville (*Journal de Rouen*, 13 nov. 1848.) Déjà, pendant les journées de

III. *Insurrection de Monville* (1). — Que ceux qui liront ces lignes ne s'effraient pas de ce titre terrible. Le procureur ayant, à Caen, qualifié ainsi les troubles qui eurent lieu à Monville, j'ai cru devoir le conserver comme un monument historique digne de passer à la postérité.

Voici, dans sa plus grande simplicité, ce qui s'est passé dans la journée du 28 :

Quelques gamins excitèrent une émeute sur la place de l'Hôtel-de-Ville à Rouen, émeute dans laquelle il n'y eut que des insurgés de tués.

Des émissaires vinrent à Monville et voulaient qu'on battît le rappel afin de soulever les ouvriers; le maire s'y opposa, mais il n'y eut pas moins une quarantaine d'ouvriers qui allèrent à Malaunay avec des pelles et des pioches.

Un bruit courait qu'un convoi de poudre devait passer et, pour l'empêcher d'arriver à Rouen, il fallait couper une arche du pont.

Le citoyen Planquette prit son fusil, sans s'inquiéter même si son chien y était, et criait le long du chemin : « Au secours ! on égorge nos frères ».

Février, le général de Castellane avait occupé ces hauteurs, et il donne entre autres raisons de son occupation celle-ci : « Que même, pour la tranquillité de la ville, une masse de troupes, dans la situation où je suis, empêchera une descente des ouvriers des vallées. » (*Journal de Castellane*, IV, I, p. 9·⁰) Il n'y a donc rien d'étonnant à ce que le général Ordener, son successeur, ait pris les mêmes dispositions le jour de l'émeute et ait envoyé des détachements dans l'une des vallées. D'ailleurs, les officiers du détachement envoyé à Malaunay eurent à disperser plusieurs rassemblements venus du Houlme, Maromme, Bondeville, etc. (Déposition des officiers du 28ᵉ régiment de voltigeurs au procès Châtel, à Caen, *Arch. de la Cour d'appel*.)

(1) Les journaux de Rouen ne signalent pas ce mouvement partiel; bien plus, ni le *Journal de Rouen*, l'*Impartial*, le *Mémorial*, ni d'autre part la *Gazette des tribunaux*, ne parlent du procès intenté aux deux chefs, Châtel et Planquette, alors qu'ils rendent un compte détaillé des procès des émeutiers de Rouen et d'Elbeuf, qui précèdent et suivent le procès de Monville (jugé à Caen, le 20 décembre 1848) ; à Caen, le *Pilote du Calvados* et l'*Ordre et la Liberté* parlèrent seuls de cette affaire; voici le bref compte rendu du premier : « *Cour d'assises du Calvados*, présidence de M le conseiller Leféron de Longcamp. Audience du 20. La Cour d'assises a jugé deux individus accusés d'avoir, à Monville, près de Rouen, le 28 avril dernier, pris une part active à un mouvement insurrectionnel. C'étaient les nommés Châtel et Planquette. Châtel a été condamné à six années de détention et Planquette à cinq années de la même peine, le jury n'ayant pas admis de circonstances atténuantes en leur faveur. (Cette affaire, commencée hier à 2 heures, a fini ce matin à 3 heures 1/2.) Le *Pilote du Calvados*, 21 décembre 1848. » Les autres journaux de Caen, le *Haro*, l'*Intérêt public*, le *Journal de Caen* ne soufflent mot du procès.

Cependant, Châtel, apprenant le départ des ouvriers pour Malaunay, s'empresse de partir à cheval pour les rejoindre et prend le chemin le long de la côte d'Eslettes ; lorsqu'il arriva auprès des arches du pont, il y avait une compagnie de soldats sur le pont. Il s'empresse alors de témoigner aux ouvriers son mécontentement et les engage fortement à retourner à leurs travaux et ne pas les quitter sans avoir des ordres.

Les ouvriers obéirent et tout rentra dans l'ordre (1).

IV. *Panique.* — Beaumarchais a parlé quelque part de la peur du mal et du mal de la peur ; je ne sais lequel des deux est le pire, mais ce qu'il y a de certain, c'est que la peur produit de singuliers effets.

Châtel était alors considéré comme une véritable bête noire ; les bruits les plus affreux couraient sur son compte ; quelques incendies avaient eu lieu aux environs, on poussa l'absurdité jusqu'à les lui attribuer.

Voici une aventure assez curieuse qui arriva dans un bourg des environs.

Une dame avait veillé un peu plus tard que d'habitude et allait se coucher, lorsque tout à coup elle entend un bruit qui venait du côté de la vallée ; elle s'imagine alors que ce ne pouvait être que la bande de Barbès, Blanqui et Châtel qui pouvait venir à cette heure, elle donne l'éveil à son mari, vieillard octogénaire, et répand l'alarme dans le quartier.

Ce bourg habituellement tranquille est en émoi, on fait lever les gendarmes qui montent à cheval, moitié endormis, les autres

(1) La version de Leblanc est celle de Châtel à l'instruction de Rouen et au procès de Caen. Elle se trouve confirmée par plusieurs témoins ouvriers : Pierre Hervieux, Mouchel, Leroux, Caron (accusé), Parizi (accusé). Quant à Planquette, il dit : « Nous sommes partis spontanément de Monville, ayant entendu dire qu'il y avait du trouble à Malaunay ;..... Châtel nous dit de revenir chez nous, ce que nous avons fait..... Je suis parti volontairement de chez moi ; personne ne m'a donné d'ordre à cet égard. » L'accusation prend sur la déposition des témoins à charge la thèse contraire : Châtel, après avoir excité les ouvriers, les quitte pour les rejoindre ensuite à Malaunay ; là, il apprend du voiturier de Maromme, Baudry, qu'il n'y a aucune effervescence dans les vallées et donne l'ordre de rentrer à Monville. Parmi les témoins, Dubuc père est d'avis que Châtel est coupable, « parce que rien ne lui eût été plus facile que de les retenir à Monville » (les ouvriers). Quant à Prévost, dont on verra le rôle si louche en 1852, il répond, lorsqu'on lui demande : « Pouvez-vous croire que Châtel soit allé rejoindre les ouvriers de Malaunay avec l'intention de les faire rentrer dans l'ordre ? — Non, Monsieur, assurément. » (Dépositions de ces témoins, cf. Procès Châtel, Dossier, greffe de la Cour d'appel de Caen.)

s'arment du mieux qu'ils peuvent et vont ainsi bravement à la rencontre des insurgés. Ils avancent ainsi, l'oreille au guet, jusqu'à la distance de deux kilomètres et s'aperçoivent enfin que ce bruit tant redouté provenait tout simplement, devinez de qui ? d'un moulin à papier qui se trouve près de Monville.

V. *Arrivée des soldats*. — Les choses étaient dans cet état, lorsque, le samedi 30, il arriva, à la nuit tombante, deux compagnies d'infanterie pour tenir garnison.

Les soldats furent reçus comme des sauveurs, on s'empressa de les loger ; tous les bourgeois voulaient en avoir ; c'était une véritable fureur.

Un habitant des Maisons-Rouges en envoya chercher trois ou quatre pour garder, disait-il, ce faubourg, il ne put en obtenir ; du reste, il n'en resta qu'une compagnie, l'autre partit quelques jours après. Des médisants ont prétendu que les bourgeois, au lieu de nourrir et de loger des étrangers, auraient mieux fait de secourir des ouvriers sans travail et des pères de famille dans le besoin, qui se trouvaient à leurs portes ; ils se seraient ainsi concilié l'estime et l'amour de leurs concitoyens, auraient désarmé bien des haines et évité les rancunes et les divisions de l'avenir.

Ces mauvaises langues ajoutaient que Pavilly, Maromme et les autres vallées manufacturières s'étaient fort bien passées de troupes et ne s'en étaient pas mal trouvées.

Mais aussi, hâtons-nous de le dire, ce ne peuvent être que des hommes de désordre qui tiennent un langage si déplacé et si séditieux.

Supposer que Monville eût pu se passer de soldats sans être détruit de fond en comble.....

Fi donc, quelle horreur !

VI. *Une pétition* (1) [mai]. — Les bourgeois après s'être remis de leur frayeur songèrent à se venger. A cet effet, une pétition fut rédigée et signée chez le greffier de la mairie.

---

(1) Cette pétition est datée du 30 avril 1848. Elle servit de base à l'accusation contre Châtel et se retrouve au dossier de l'affaire Châtel-Planquette. (Greffe d. la Cour d'appel de Caen.) Leblanc la résume exactement. Elle est signée entre autres noms de ceux de Bournisien, commissaire de police, Lemaître-Choisy, Énout, Bigot, Papillon. — Une seconde pétition contre Châtel fut adressée, après les élections municipales, à la préfecture. (Cf. II, XVIII, note 2.)

Voici en substance ce qu'elle contenait :

On commençait par peindre Châtel sous les traits les plus sombres. On n'avait pas oublié l'échauffourée du citoyen Planquette.

Les ouvriers, disait-on, devaient piller la boutique d'un pharmacien (on n'a pas expliqué ce qu'ils auraient fait des drogues).

Enfin, considérant que Châtel avait employé toute son influence à propager de mauvaises doctrines et à exciter du trouble dans le pays, on terminait par demander à qui de droit que l'on eût à débarrasser Monville d'un homme aussi dangereux.

Cette pétition, comme on le verra ensuite, devint plus tard la base de l'accusation relative à l'échauffourée du 28 qui finit enfin par se dérouler sur les bancs de la Cour d'assises de Caen, après avoir couvé pendant huit mois dans le cabinet du juge d'instruction de Rouen.

VII. *Changement à vue.* — Le premier résultat de cette pétition fut un remaniement de l'administration municipale (1).

---

(1) Les renseignements de Leblanc sont ici assez incomplets; 1° Prévost, maire provisoire, donnait sa démission par la lettre suivante :

« Monville, 3 mai 1848. — Le maire de la commune de Monville à Monsieur le Commissaire général du département de la Seine-Inférieure. — Monsieur. Mon avènement à la mairie de Monville, canton de Clères, a été salué, je le pense du moins, par tous les habitants de cette commune qui, tous aussi m'ont entouré de leur sympathie, mais puisque aujourd'hui une partie de ces habitants, en petit nombre il est vrai, paraît se séparer de moi à cause des ressentiments qu'ils ont à exercer contre l'adjoint, qui du reste n'est arrivé à cette fonction qu'après le refus qu'en ont fait deux membres du conseil municipal, je me vois donc dans l'impossibilité de continuer mes fonctions de maire, qui, surtout en ce moment sont très pénibles et qui dans des temps moins difficiles étaient entourées de deux adjoints, à cause de la population qui est de deux mille six à sept cents âmes. En présence de cette impossibilité et d'une manifestation qui me touche très profondément, il est du devoir de tout homme d'honneur, dans l'intérêt de son pays et de sa dignité de citoyen de résigner des fonctions qu'il tenait à exercer avec l'assentiment de tous. En conséquence, Monsieur le Commissaire, je viens vous offrir ma démission de mes fonctions de maire, en vous priant de l'accepter et de pourvoir immédiatement à mon remplacement. Salut et fraternité. PRÉVOST. »

2° La minute d'une lettre du citoyen Davenay, secrétaire de la préfecture, lettre expédiée le 13 mai au nouveau maire de Monville, nous apprend que Chesneau, après une mission de Davenay à Monville, accepta la mairie. Elle contient des phrases très importantes sur l'appréciation que le commissaire Dussard fait du caractère de Châtel, appréciation qui vient corroborer l'opinion de Leblanc sur ce malheureux : « Citoyen Maire. Le citoyen Commissaire général, à qui j'ai rendu compte de ma mission à Monville, me charge de vous exprimer le contentement que lui a causé votre acceptation définitive, qu'il considère de votre part comme

Après l'affaire d'avril, M. Deschamps avait donné sa démission et c'était alors le parti de M. Senard qui triomphait.

Le contre-coup s'en fit sentir bientôt à Monville, Châtel fut destitué et quelques changements, du reste assez insignifiants, eurent lieu parmi les membres de la commission municipale.

Le maire provisoire fut nommé adjoint et l'on prit pour le remplacer M. Chesneau, ancien président du club.

M. Chesneau était animé d'excellentes intentions, républicain sincère, il dut croire à la sincérité des Tartufes qui lui firent ceindre l'écharpe municipale; les ouvriers aimaient son bon cœur et sa générosité, dont on avait vu tant de preuves dans la crise commerciale; seulement cette fermeté, cette fixité d'idée qu'il faut dans les temps de révolution aux hommes qui jouent un rôle plus ou moins transcendant lui manquait absolument.

M. Chesneau fut flatté, cajolé par la réaction, il fut ensuite écrasé par elle; il devait en être ainsi. C'était d'ailleurs le sort réservé aux hommes du parti Senard et Cavaignac.

VIII. *Comme quoi il arriva que les soldats, au lieu de détruire les habitants de Monville, en augmentèrent le nombre.* — En arrivant à Monville, les soldats avaient cru qu'ils seraient forcés de combattre chaque jour des bandes d'insurgés; ils furent donc agréablement surpris en voyant que les ouvriers restaient dans le plus grand calme et supportaient avec résignation les privations de toute espèce qui leur étaient imposées par le manque d'ouvrage.

---

un acte de dévouement dans les circonstances difficiles où nous nous trouvons. L'heureuse pensée que vous avez eue de vous adjoindre le citoyen Prévost a été accueillie par le citoyen Commissaire général comme un gage d'union et de bonne administration pour la commune que vous êtes appelé à administrer; *il aurait voulu voir également auprès de vous le citoyen Châtel, dont il estime le caractère et le mérite, mais ce citoyen est sous le coup d'un mandat d'amener et ne doit sa liberté qu'au sauf-conduit que lui a donné le citoyen Commissaire général; dans cette situation tout exceptionnelle il ne peut faire partie de la municipalité. Vous et le citoyen Prévost jugerez s'il ne serait pas convenable d'attendre qu'un arrêt de non-lieu eût rendu justice au citoyen Châtel pour statuer à son égard ou bien vous m'indiquerez pour le remplacer un des citoyens qui composent la commission municipale actuelle et dont le concours vous semblerait utile. On s'occupe du changement de votre commissaire de police* (Bournisien); faites-moi savoir promptement s'il ne serait pas possible de réunir l'emploi de secrétaire de la mairie à celui de commissaire de police, etc. Le citoyen Commissaire général me charge de vous prévenir qu'il ira vous installer un de ces jours. Salut et fraternité. » Non signé, mais tout entier de la main de Barenay. (Arch. dép. M. Monville. Élections communales.)

Les soldats donc, n'ayant rien de mieux à faire, s'endormirent tranquillement dans les délices d'une nouvelle Capoue; logés chez les bourgeois, bien nourris, bien fêtés, ils occupèrent leurs loisirs à se bien divertir; à cet effet, ils tournèrent leur armes contre les femmes et les filles (ici l'historien ne peut être que l'écho du bruit public), mais on prétend que dans cette guerre, ils trouvèrent peu de rebelles. La chronique scandaleuse de cette époque raconte divers épisodes qui ne rentrent pas malheureusement dans le plan de ce récit.

A quoi bon d'ailleurs rappeler des faits qui sont encore présents dans la mémoire de tous?

Pourquoi montrer ces bons maris qui allaient passer la nuit au corps de garde, veillant sur le repos et la tranquillité de leurs concitoyens, tandis qu'un soldat restait sous leur toit pour garder sans doute l'honneur de leur chère et tendre moitié?

Parlerai-je des promesses et des serments qu'ils échangèrent avec les jeunes filles? Hélas! serments d'amour et serments politiques sont aussi volages les uns que les autres! Il me suffira donc de dire ici que les soldats, avant leur départ, laissèrent de leur présence à Monville des souvenirs vivants.

IX. *Un coup de police.* — M. Bournisien, commissaire de police, était l'homme de la bourgeoisie, aussi il la servait avec beaucoup de zèle; mais s'il faut du zèle, pas trop n'en faut (1).

Or il arriva que M. Chesneau, maire, d'accord avec la commission municipale, avait fait la liste des électeurs pour les chefs de la garde nationale.

Tous les citoyens valides de 20 à 55 ans furent appelés pour concourir à cette élection, par cela même le nombre en était considérable.

M. Bournisien s'effraya, à juste titre, du sort que pourraient avoir les épaulettes des officiers de la garde actuelle : le maire avait donné les billets d'électeurs au garde champêtre avec ordre de les porter à domicile; mais le commissaire, sans plus ample information, s'empara des billets et défendit au garde champêtre de suivre les ordres du maire, il empiétait par là sur les droits de l'administration.

---

(1) On a vu ci-dessus [II, VII, note 1 : 2°] que M. Chesneau avait demandé le déplacement de ce commissaire; son rapport contre Châtel fut accablant à l'instruction (cf. Dossier du procès, Greffe de la Cour d'appel, Caen) et il signa les pétitions.

M. Chesneau, justement irrité d'une pareille audace, porta une plainte contre lui ; le résultat de cette plainte ne se fit pas long-temps attendre, M. Bournisien fut révoqué de ses fonctions ; mais au lieu de le punir, il obtint bientôt une place de commissaire plus élevée ; étonnez-vous après cela si la République a fini par succomber !

M. Ligois (1) qui remplaça M. Bournisien, était un héros ou un

---

(1) Peu après, le nouveau commissaire de police Ligois, adressait au Commis-saire général un rapport (dont le début est confus, mais la suite très nette) sur la situation de Monville. Pour plus de facilité à y renvoyer le lecteur, je divise ce rapport en plusieurs paragraphes et j'ajoute un titre à chacun de ces para-graphes.

Commissaire de police de Monville.—Monville, le 8 juin 1848.—*Au citoyen Com-missaire général de la République pour le département de la Seine-Inférieure.*

Citoyen,

En arrivant à Monville, j'ai cru devoir me renseigner sur l'état des esprits de ce pays et me mettre à même de vous [fournir] quelques détails à ce sujet.

I. *État des esprits.* — Quant à l'état des esprits, il est facile de le déterminer. Deux partis bien distincts : la bourgeoisie, la classe ouvrière ; la bourgeoisie, sans préjuger de ses intérêts à elle-même, jalouse des droits accordés à l'ouvrier, sans examiner son intérêt, car les deux tiers de la population de Monville se composent d'ouvriers, et pour la classe commerçante la prospérité de la classe ouvrière ferait la prospérité de cette classe, mais il faut le dire, ces gens-là sont menés par quelques maîtres et quelques commerçants, et le reste suit l'impulsion, sans la plupart du temps apprécier la gravité des réclamations qu'on leur fait signer.

La classe ouvrière de Monville paraît animée d'un bon esprit, et nous ne dou-tons pas que par des moyens de douceur et de persuasion on puisse l'amener à faire des concessions sur le prix du salaire, si toutefois on leur fait comprendre que ces concessions devront être temporaires. En effet, les ouvriers ont déjà souffert horriblement l'année dernière, soit du prix élevé de toutes les denrées, soit du défaut de travail, le tout concourant à la plus affreuse misère, augmentée nécessairement par la crise commerciale qui est survenue depuis le 24 février. Les ouvriers sont pris là entre trois difficultés : 1° l'absence de travail dans les filatures ; 2° l'impossibilité d'obtenir de nouvelles cartes pour les ateliers natio-naux ; 3° l'abolition de la mendicité.

II. *Le chômage des filatures.* — Quant à la question des filatures, il y a à Monville dix filatures et un tissage ; trois filatures travaillent quelques jours la semaine, la quatrième travaille aujourd'hui et peut cesser dans quelques jours, ses moyens pécuniaires ne lui permettant pas de le faire longtemps.

III. *Ateliers nationaux.* — Quant aux cartes délivrées aux ouvriers qui tra-vaillent sur la route de Monville à la route de Neufchâtel, on en délivre à la fois aux ouvriers des communes environnantes et aux ouvriers de Monville ; ne serait-il pas possible d'en donner d'abord aux ouvriers de Monville, puisque dans les communes il y a des ateliers communaux ; nous demanderons aussi au citoyen Commissaire général si, comme Commissaire de police nous aurions le droit de délivrer des certificats aux ouvriers pour obtenir ces cartes, car nous sommes assiégé chaque jour par les ouvriers qui viennent nous demander ces certificats.

insurgé de Février, c'est comme on voudra l'appeler. Ligois était, pour le tracer d'un mot, tout le contraire de Bournisien.

X. *Une élection pour rire.* — L'élection du chef de bataillon et du porte-drapeau n'en eut pas moins lieu le dimanche 21 mai.

Voici le résultats du scrutin sur 401 votants :

M. Gaillard (1) obtint 246 voix.

M. Filleul obtint 142 voix.

M. Gaillard était en tête de la liste démocratique et il l'emportait de 104 voix sur son concurrent ; il était donc plus que probable que toute la liste aurait passé dans l'élection des autres chefs.

Les bourgeois jetèrent les hauts cris ; leurs épaulettes, leurs épées et leurs uniformes allaient se trouver à vendre ; c'était une complète anarchie, autant valait la fin du monde que la perte de leurs grades.

Alors une intrigue fut organisée afin de circonvenir M. Dussard, commissaire provisoire, et de l'amener par là à annuler l'élection du 21 mai.

Chose étrange, on vit les mêmes personnages qui avaient clos la liste de la garde nationale, qui avaient procédé ensuite à l'élection, en avaient signé le procès-verbal, on vit, dis-je, ces même hommes protester contre cette même élection parce qu'il y avait un trop grand nombre de gardes nationaux pour le service actif.

M. Dussard, fatigué de leurs obsessions, finit enfin, de guerre

---

IV. *La mendicité.* — Quant à la question de mendicité, s'il est difficile à un père de famille porteur d'une carte de suffire aux besoins de cette famille (et même impossible quand la famille est nombreuse), que peuvent faire ceux qui ne peuvent en obtenir, le nombre de ces cartes étant limité, et que pouvons-nous faire alors que ces gens viennent mendier ? Jusqu'alors nous n'avons pas osé sévir et notre position devient très embarrassante devant l'arrêté de M. le Commissaire général ; nous le prions donc de bien vouloir donner quelques instructions à ce sujet.

C'est là, citoyen Commissaire général, le résultat de nos premières impressions dans un pays que nous ne connaissions pas ; nous continuerons de vous renseigner, et si plus tard vous aviez besoin de détails plus intimes, nous serions à même de vous les donner. Vous pouvez compter sur notre dévouement. Salut et fraternité. Ligois, commissaire de police.

P. S. —Citoyen Commissaire général, au moment où je terminais cette lettre, j'ai été demandé par le sieur Mouchelet, filateur, au sujet de ses ouvrières tisserandes, qui ont refusé de travailler, vu que ce monsieur leur voulait diminuer un demi-centime par mètre, et cela dans la crainte que les autres ouvrières ne viennent imposer les mêmes scènes qui ont eu lieu ailleurs. (*Arch. dép. M., Moncille, Élections communales.*)

(1) Ne pas confondre avec M. Gaillard-Lemaître, bientôt maire provisoire.

lasse, par se rendre à leurs raisons ; il eut la faiblesse de casser l'élection du 21.

XI. *Encore un nouveau maire provisoire.* — En apprenant cette nouvelle, M. Chesneau, qui était naturellement vif, devint furieux (1) ; il alla trouver M. Dussard et lui reprocha en face que

---

(1) Ici les renseignements de Leblanc ne sont pas complets. Il y eut deux démissions de M. Chesneau, l'une adressée à M. Hippolyte Dussard, *le 27 mai 1848*, et qui a bien pour raison l'événement que signale l'auteur, l'autre, beaucoup plus importante, sur la question des ateliers nationaux qu'il ne voulait ni dissoudre, ni prendre à la charge de la commune ; voici du reste les deux lettres, la première est brève, la seconde est plus longue mais documente fort bien sur la situation des ouvriers dans la région normande : L« Citoyen Commissaire génér-lllier, je n'étais pas venu à la préfecture à la tête de la députation de Monville ; la vérité est qu'ayant besoin de conférer avec vous sur les élections de la garde nationale, je fus fort étonné de trouver, dans la cour de votre hôtel, les citoyens composant cette délégation, qui, de leur côté, parurent très contrariés de ma présence, et voilà pourquoi : l'un d'eux était porteur d'une plainte contre mon mode d'opérer ces élections, mode qui m'avait été tracé par vous et qui résulte au surplus de la lettre et de l'esprit des décrets rendus par le gouvernement provisoire ; mais dans cette lettre étaient consignés des faits faux et calomnieux. En effet, forcés de me dire le motif qui les amenait, leur ayant déclaré que j'entrerais quand même avec eux, ce libelle me fut exhibé. Indigné de leur déloyal procédé, ils reconnurent que le passage en question était sujet à contradiction, résolution fut prise par eux de ne point vous le présenter, dès lors il n'en fut nullement question dans l'audience que vous voulûtes bien nous accorder, il fut parlé seulement du principe d'élection.

« J'avais bien l'idée de vous donner de suite ma démission, mais craignant qu'elle ne parût être l'effet d'un coup de tête et comme, vous me l'avez dit avec vérité, elle est un peu chaude, je me modérai. Aujourd'hui, de sang-froid, la nuit ayant porté conseil, je déclare donner démission de mes fonctions de maire provisoire de la commune de Monville, où vous m'aviez appelé, et dans lesquelles, avec mon esprit de conciliation et ma conscience d'honnête homme, j'espérais faire bien ; contrarié par l'esprit de coterie et d'égoïsme qui domine le pays, je ne saurais y réussir, je préfère me retirer, car j'étoufferais dans ce cercle étroit composé d'hommes à idées étroites et d'intrigants.

« Veuillez, citoyen Commissaire général, pourvoir immédiatement à mon remplacement, ne pouvant en ce moment même continuer mes fonctions ; le temps presse, les élections complémentaires à l'Assemblée nationale étant pour le 4 juin. Je pense, pardonnez-moi de vous donner cet avis, que vous serez obligé de nommer un commissaire spécial pourvu de tous pouvoirs, personne, à ma connaissance, n'osera se charger des fonctions de maire en pareilles circonstances.

« Salut et fraternité. « CHESNEAU. »

II. *Ateliers nationaux.* — « Citoyen Commissaire général. La position que vous faites au maire de Monville n'est pas tenable, vous me prévenez qu'il faut que la commune supporte la charge pour moitié des ateliers nationaux, mais notre pays qui, lorsque les filatures marchent, est prospère, est dans le cas contraire, et c'est ce qui existe en ce moment, très malheureux et privé de ressources financières. En effet, c'est l'industrie qui en forme la richesse et depuis plus de deux

c'était d'après ses instructions qu'il avait fait la liste et qu'annuler cette élection, c'était lui donner un démenti, il préférait donc donner sa démission, malgré les instances que M. Dussard fit pour le faire consentir à rester maire.

M. Dussard se trouva dans l'embarras pour trouver un remplaçant dans cette fonction, difficile à l'époque.

On avait descendu tous les degrés du parti républicain. Les bourgeois présentaient M. Gaillard-Lemaître, mais M. Dussard objectait que M. Gaillard était le gendre de M. Lemaître, ancien maire de Louis-Philippe et que cela pouvait le faire soupçonner d'orléanisme.

D'un autre côté, aucun concurrent sérieux ne se présentait et, à part ceci, M. Gaillard avait l'estime de ses concitoyens ; il était donc le seul possible alors. Il pouvait rendre de grands services à la commune ; il avait la réputation d'être un excellent maître ; sa bienfaisance envers les malheureux était citée.

---

années elle est dans la plus grande détresse, comment voulez-vous que j'obtienne des souscriptions, personne ne pourra donner, puisque personne ne reçoit, les ouvriers locataires de maisons ne payant point leurs propriétaires, les fermiers eux-mêmes, en petit nombre dans la commune, ne peuvent vendre leurs denrées, il leur est impossible d'acquitter les termes échus. Je suis dans ce cas depuis Noël, je n'ai pas reçu un centime et cependant j'ai dépensé en souscriptions, aumônes, plus de 500 francs depuis trois mois, en outre mes contributions ordinaires et extraordinaires réglées en totalité et des travaux de terrassement personnels pour occuper quelques bras ont épuisé mes ressources. Je n'ai plus d'argent, je ne ferai point dès lors appel à la générosité, ne pouvant montrer l'exemple, lorsque, au surplus, je sais que je n'obtiendrais rien. Quant à l'imposition extraordinaire elle produirait peu et voici pourquoi : il y a huit jours le percepteur, assisté des répartiteurs, a été obligé de décharger la plus grande partie des habitants de l'impôt des 45 centimes.

« Le fardeau devient trop lourd, mes habitudes tranquilles, en dehors des connaissances spéciales nécessaires pour s'entremettre dans les différends qui pourraient survenir entre les filateurs et les ouvriers, m'obligent à vous déclarer de nouveau que je ne puis continuer les fonctions de maire, remplacez-moi de suite, car, si vous ne le faites, je les cesserai de fait.

« J'oubliais de vous dire que j'ai organisé un atelier communal, où sont employés en ce moment 28 ouvriers qui étaient sans travail, sur les 4,000 francs de l'archevêché, il serait possible d'y adjoindre quelques autres, mais plus d'un cent, non : et c'est le chiffre que vous voudriez que la commune soutint, l'atelier national étant de 283 habitants de Monville sans compter un grand nombre d'étrangers travaillant en chantiers séparés. Nommez M. Gaillard, filateur, maire, puisqu'il y consent, c'est un dévouement dont il est bon de lui tenir compte. Il est le seul homme qui puisse en ces circonstances concilier les intérêts de tous. Salut et fraternité. CHESNEAU, maire provisoire. Monville, 8 juin 1848. » (Arch. dép., M, Monville. Élect. communales.)

Il s'employa surtout à dissoudre lentement les ateliers nationaux et à faire rentrer les ouvriers dans les filatures qui commençaient à se rouvrir (1).

Malgré cela, ou peut-être à cause de cela, M. Gaillard eut le sort de tous les maires de Monville, il succomba dans la lutte électorale.

XII. *Départ des soldats* [juin]. — Après avoir séjourné à Monville pendant six semaines, les soldats reçurent des ordres pour partir. Il est vrai aussi que nos bons bourgeois commençaient à se fatiguer; gagner peu et dépenser beaucoup était un système qui ne pouvait pas aller loin.

Il me faudrait la plume de Racine pour peindre le désespoir, les regrets, la douleur, les larmes de toutes ces Bérénices au moment du départ de leurs chers Titus.

Les derniers adieux furent tendres et déchirants ; était-ce la peur des insurgés, ou bien excès de tendresse pour des hôtes aussi chers ? Je le laisse à deviner. Mais il aurait fallu avoir un cœur cuirassé de diamant pour ne pas être touché de tant de sympathie.

On reconduisit la troupe jusqu'aux Maisons-Rouges et là il fallut bien enfin se séparer, mais on comptait encore se revoir. En effet, plusieurs soldats revinrent de temps à autre à Monville pendant les premiers mois ; puis enfin, comme toutes choses de ce monde, on finit par les oublier. Quant à nos bourgeois, semblables aux escargots, ils se renfoncèrent dans leurs maisons, et voyant

(1) M. Gaillard-Lemaître démissionnait à son tour le 25 septembre 1848. Il avait été assez heureux pour se débarrasser de Châtel, qu'il poursuivit haineusement (cf. II, XVII, note 1) et profita de la reprise du travail. Au reste il s'en vante dans sa lettre de démission : « Monsieur le Préfet. J'ai l'honneur de vous envoyer les procès-verbaux de nos élections municipales qui ont eu lieu hier, en exécution de votre arrêté du 11 courant.

« Maintenant que l'ordre est profondément rétabli dans notre commune, depuis *l'arrestation du misérable agitateur des ateliers nationaux*, maintenant que le peuple souverain a complété le conseil municipal par tous honnêtes gens. Maintenant surtout que *l'ouvrier sait faire la différence entre ceux qui les affamaient avec 85 centimes et ceux qui les font vivre avec 3 francs*. Maintenant que la commune n'a plus besoin de moi, j'ai le bonheur de vous envoyer ma démission de maire provisoire, et vous prie de me faire remplacer comme membre du conseil municipal dans la section du Midi, où j'ai été nommé malgré ma volonté.

« Veuillez, Monsieur, par le retour du courrier, donner des ordres à M. Édouard Chesneau, premier conseiller municipal de prendre la direction de la mairie parce que mercredi matin, je pars en voyage. Salut et fraternité, le maire provisoire, GAILLARD-LEMAÎTRE. » (Arch. dép. M., Monville, Élect. com.)

que leurs provisions de poudre et de cartouches devenaient inutiles, ils se consolèrent en pensant qu'ils pouvaient toujours, faute de mieux, tirer leur poudre aux moineaux.

XIII. *Les épaulettes sont sauvées !* — La commission municipale fut convoquée pour reviser les listes de la garde nationale.

Voici comment on procéda :

Comme tous les citoyens en faisaient partie de droit, on les faisait venir isolément et on leur demandait s'ils acceptaient le service de la garde nationale, la plupart répondaient affirmativement ; mais aussitôt qu'ils étaient sortis, on mettait la question aux voix de savoir si tel ou tel citoyen était dans la position de pouvoir faire le service actif et, comme on le conçoit, avec une pareille méthode on éliminait tous ceux qui semblaient suspects, bien que ce service consistât seulement à passer deux revues par an et à monter deux ou trois fois la garde pendant trois ou quatre heures le dimanche.

Après avoir ainsi arrangé la liste, on procéda à l'élection, et comme toute opposition devenait absolument inutile, la réaction triompha et les anciens officiers furent réélus.

Un des premiers actes de l'état-major fut de dissoudre le corps des musiciens du bataillon ; on allégua pour prétexte qu'ils avaient accompagné les électeurs à Clères sans avoir demandé des ordres à leurs chefs, lorsqu'il était constant qu'ils ne faisaient que suivre l'invitation du maire et de l'adjoint ; du reste la musique fut réorganisée depuis.

Cette garde bourgeoise, établie telle que je viens de le raconter, fut dissoute et désarmée après le 2 Décembre : elle n'eut que ce qu'elle méritait.

XIV. *Journées de Juin.* — Une lutte à jamais déplorable ensanglanta pendant quatre jours les rues de la capitale. Guerre de principes, si l'on veut, mais aussi guerre de la faim ; on ne coupe pas les vivres impunément à cent dix mille hommes.

Que firent pendant ce temps les bourgeois de Monville, ils restèrent bravement chez eux et passèrent encore ces tristes jours dans l'angoisse et l'anxiété, leurs nuits étaient troublées par l'insomnie.

Lorsque enfin on apprit que le général Cavaignac avait vaincu l'insurrection et rétabli l'ordre dans la rue, il fut résolu qu'il était du devoir de tout bon citoyen de courir à Paris afin de combattre vaillamment les insurgés qui étaient vaincus ; mais, hélas! la bravoure de nos héros était telle, que c'était à qui n'irait pas.

Cependant quatre à cinq jeunes gens se sacrifièrent et partirent volontairement ; mais, comme d'ailleurs tout était terminé, leur zèle se ralentit bientôt, et l'Amour et Bacchus qui les avaient arrêtés à Rouen, les y retinrent quelques jours, après quoi ils rentrèrent chacun dans leurs foyers. On n'a pas dit s'ils avaient des blessures.

Le conseil municipal n'a pas daigné élever le moindre monument pour perpétuer le souvenir du dévouement de ces nouveaux Spartiates.

Dans ce mois de juin, les électeurs de Paris nommèrent au même scrutin, représentants du peuple, les citoyens Louis-Napoléon Bonaparte et François Raspail ; de ces deux hommes, l'un est aujourd'hui empereur et l'autre prisonnier à Doullens.

XV. *Voyez comme ils font le gros dos, ces beaux Messieurs les escargots* (Béranger) —[juillet.]— Les deux partis vont se retrouver aux prises dans la lutte des élections municipales ; mais cette fois, il n'y avait plus d'équivoque possible, il fallait bien se résigner à l'exercice du suffrage universel.

La commune fut divisée en trois sections qui devaient élire chacune sept conseillers. Deux listes diamétralement opposées se trouvaient en présence, aucune fusion n'avait été faite ; d'un côté, les anciens conseillers de Louis-Philippe (excepté toutefois M. Chesneau, que la bourgeoisie avait écarté) et de l'autre, une liste composée de noms plus ou moins démocratiques.

La lutte fut archarnée de part et d'autre, les deux partis usèrent de tous leurs moyens d'influence. Enfin le scrutin donna la victoire au parti démocratique, il triompha dans deux sections et les candidats de la bourgeoisie n'eurent la majorité que dans la section de l'Ouest. Voici les noms des principaux qui restèrent sur le champ de bataille : M. Lemaître, ancien maire ; M. Chesneau, ancien maire ; M. Gaillard, maire actuel; M. Papillon, maire futur ; M. Bigot et plusieurs autres coryphées de la bourgeoisie.

XVI. *Une quasi-enquête.* — Le conseil municipal, d'après la nouvelle loi, devait élire dans son sein le maire et les adjoints, et par cette élection le pouvoir municipal menaçait d'échapper aux bourgeois. N'ayant pu triompher par la force légale, ils se virent réduits à employer la ruse.

Plusieurs ouvriers avaient été élus conseillers municipaux, ce fut contre eux que l'on dirigea les batteries; ils furent menacés dans leur travail, et deux ouvriers qui avaient été élus donnèrent leur démission (1).

Il y en eut un surtout qui résista avec courage; le fait est assez curieux pour que je le note ici.

Cet ouvrier, nommé du conseil, et qui du reste faisait partie du provisoire, était père d'une nombreuse famille; il fut demandé chez un pharmacien et là on commença par lui dire qu'il n'était pas juste qu'il fût du conseil, tandis que papa Bigot n'en était pas, que s'il voulait donner sa démission et se montrer raisonnable, on habillerait son enfant qui devait bientôt faire sa première communion.

L'ouvrier fut ferme et resta conseiller (2).

Les faits cependant avaient paru tellement graves que M. Samson, commissaire central (3), vint à Monville dans le but de faire une enquête.

Quatre à cinq conseillers furent demandés chez M. Piseaux, aubergiste, mais comme toutes ces intrigues avaient été ourdies mystérieusement et dans l'ombre, on fut obligé de s'en tenir là, et l'affaire n'eut pas d'autres suites.

XVII. *L'instruction* [août]. — Pendant ce temps l'instruction contre Châtel et Planquette se poursuivait avec activité.

Des témoins étaient continuellement appelés à Rouen devant le juge d'instruction; le nombre s'en éleva à plus de soixante et qui déposèrent à plusieurs reprises.

Un plaisant a prétendu que les marches du Palais de Justice en avait été légèrement usées.

On ne savait rien de positif sur tous ces témoignages, seulement il circula les bruits dans l'air, qui ne promettaient rien de bon pour Châtel.

---

(1) Jue Emmanuel et Grenout Epiphane, d'après une lettre du maire provisoire, Gaillard-Lamaitre, au préfet. (Arch. dép., M. Monville, Elect. communales).

(2) Il s'agit de Noël Raymond que la pétition d'août visait en même temps que Châtel (Cf. II, XVIII, note 2.)

(3) A Rouen.

Pour l'honneur de la vérité, je dois signaler ici la manière dont l'instruction fut faite; ayant conservé dans cette affaire assez de neutralité, mon opinion ne saurait être récusée.

Ainsi les témoins, qui furent appelés soit à Rouen, soit à Caen, étaient presque tous les ennemis personnels ou politiques de Châtel (1). Les membres du bureau du club, comme Chesneau et autres, qui auraient pu donner des renseignements utiles, ne furent pas même demandés.

Étrange moyen de connaître la vérité que de vouloir ne connaître les choses que d'un côté !

Quand donc la passion politique ne fera t-elle plus pencher la balance de la justice et lui laissera-t-elle l'impartialité dont elle a tant besoin?

XVIII. *Secondes élections municipales.* — Deux conseillers avaient donné leur démission ; MM. Prévost et Châtel (2) avaient été nom-

---

(1) Notamment Dubuc père et fils, Pierre Leblanc, Lemaître-Choisy, Gaillard-Lemaître, Bigot, Énout, etc. Bournisien, commissaire de police dépose même qu'il a su par une domestique de Lesœur, que Châtel, Prévost et Lesœur « avaient formé le complot de faire assassiner M. Dubuc fils, une autre personne, dont le nom m'échappe, et moi. » Pour Pierre Leblanc, c'est un créancier de Châtel.

(2) On chercha d'abord à forcer les deux conseillers à opter pour la section qui leur avait donné le plus de voix. Le commissaire provisoire repoussa comme illégale cette proposition faite par le maire provisoire. Celui-ci, sous l'influence de tous les marchandages que signale Leblanc, se laissa entraîner à approuver et recommander au commissaire provisoire une pétition signée, dit la lettre d'envoi, « de neuf nouveaux conseillers municipaux, dont le nommé Hautecœur est ouvrier de filature, de tous les officiers de la garde nationale et de près de 100 ouvriers, en tout 156 signatures. » Les neuf conseillers municipaux étaient les élus conservateurs du premier tour. Quant à la pétition dont le maire Gaillard approuvait les dires comme « faits véritables et de notoriété publique » reconnus et signés par son beau-père Lemaître-Choisy et par Dubuc, membre du bureau de l'ancien club, on peut la résumer comme suit : *Pétition contre l'élection de Châtel et de Noël Raymond.* — 1º Chatel et Noël sont indigents : « quelle confiance pourra-t-on avoir en des personnes qui sont elles-mêmes dans la plus grande misère » ; Noël n'a-t-il pas neuf enfants, n'est-il pas inscrit au bureau de bienfaisance ? et d'ailleurs ses enfants mendient. Pour Châtel, il doit 900 francs à un marchand dans le ménage duquel il a mis en outre le trouble. Il a emprunté 2 à 4,000 francs à plusieurs personnes, il doit à tous les marchands de Monville ! Avant février, sa misère était si grande que l'on dut faire une souscription en sa faveur ; il n'a pu payer ses impôts, vient d'être porté comme indigent, etc. Ils ne peuvent être conseillers. En outre Châtel a été condamné pour exercice illégal de la médecine. — 2º « Le sieur Châtel, médecin, dont vous n'ignorez pas les antécédents, a toujours cherché à égarer les ouvriers par ses discours, soit dans

més dans deux sections; M. Lesœur fut déclaré démissionnaire comme étant le beau-père de M. Michel, également élu.

Il fallait donc nommer cinq nouveaux conseillers, quatre dans la section Est et un dans la section Sud; ce nombre était suffisant pour déplacer la majorité.

Le parti démocratique avait peu de candidats sérieux à présenter, au lieu que la bourgeoisie en avait de notables, qui n'avaient pas été élus précédemment et qui employaient tous les moyens que leur donnait leur influence.

Ce parti eut l'adresse de porter aussi M. Chesneau en tête de sa liste, qui se trouvait également le premier sur l'autre liste, de sorte que M. Chesneau passa à une grande majorité et fit passer à sa remorque MM. Papillon et Hardy.

Un scrutin de ballottage eut ensuite lieu pour le quatrième conseiller et enfin à la grande joie des réactionnaires, M. Bigot fut élu.

Dans la section du Sud, M. Gaillard, maire provisoire, fut également nommé, mais il donna sa démission, espérant par là se faire remplacer par M. Lemaitre, ancien maire qui était son beau-père;

---

les clubs, soit dans les ateliers nationaux et chez lui. Il leur a dit plusieurs fois, en présence de 300 personnes, que tous leurs maîtres étaient des brigands, qui s'étaient enrichis de leur sang, qu'il n'y en avait pas un de bon dans toute la vallée et que maintenant que les ouvriers étaient les maîtres, c'était à eux d'imposer leurs conditions, et qu'ils n'avaient qu'à tenir bon, les maîtres leur donneraient ce qu'ils demanderaient. Lors des barricades de Rouen, le sieur Châtel a marché sur Malaunay à la tête des ateliers nationaux de Monville, pour couper le pont et arrêter les convois d'armes et de poudre qui, disait-on, devaient passer par là. » C'est la base même de la future accusation du procès de Caen. (Arch. dép., M, Monville, Élections communales.) Les dépositions mettent un peu de mesure dans ces griefs. En 1845, le mobilier de Châtel était saisi par un tailleur de Paris; quant à la dette de 900 francs, elle se réduit à 130 francs, sur lesquels Châtel ne doit plus que 85 fr. 61. (Déposition f⁰ Leblanc. Dossier Châtel, greffe Cour d'appel Caen.) — Pour ce qui est de l'exercice illégal de la médecine, Châtel s'en explique dans l'interrogatoire : « J'ai été condamné à 300 francs d'amende par le tribunal de police correctionnelle de Rouen, il y a moins d'un an, pour avoir exercé la médecine dans le département de la Seine-Inférieure, avec un diplôme qui m'a été délivré dans le département de la Seine. » (Id. interrog. de Châtel.) — Enfin, au dossier de Caen, on trouve dans la déposition de Gaillard-Lemaitre, maire provisoire, la preuve d'une visite faite au préfet par Bigot, Lemaitre-Choisy, Buasse et Picot fils pour « signaler la conduite de Châtel et les principes dangereux qu'il émettait ». Ce dernier, Picot, manufacturier, sinistré en 1845, aurait au moins pu s'abstenir, Châtel ayant été l'un des premiers à porter secours à ses ouvriers en ce temps. (cf. Introduction.)

mais dans ce dernier scrutin, M. Lemaître succomba encore une fois et ce fut M. Matte, pharmacien, qui obtint la majorité.

Le Conseil municipal se trouva donc avec beaucoup de peine au grand complet.

XIX. *Perquisitions, arrestations* [septembre]. — Le dénouement du procès de Châtel et Planquette approchait de jour en jour.

Les gardes nationaux qui plus tard devaient être désarmés, s'amusaient à désarmer quelques ouvriers. On comprend que Planquette fut de ce nombre (1).

Une perquisition des plus minutieuses eut lieu également chez Châtel et enfin après beaucoup de recherches on découvrit en fait d'armes et de munitions un simple couteau-poignard (2).

Les charges qui pesaient sur ces deux inculpés ayant paru suffisamment établies, ils furent assignés pour comparaître devant M. Nepveu qui instruisait; mais aussitôt qu'ils furent entendus leur détention préventive commença.

Ils furent conduits à Bicêtre, avec les accusés des affaires d'avril de Rouen, et plus tard leur translation eut lieu pour Caen où nous allons bientôt les retrouver.

Étrange revirement des choses humaines, surtout dans les révolutions: cet homme qui se trouvait, il y a peu de temps, à la tête d'une grande commune et qui agissait en pleine liberté, se trouve maintenant resserré entre les murs d'une prison et harcelé de temps à autres par les questions d'un juge d'instruction.

J'oubliais de dire qu'il laissait une jeune femme sans aucune ressource, avec un enfant de six à sept ans.

---

(1) Dès le 2 mai 1848, Bournisien avait signalé *les personnes dangereuses de la localité* parmi lesquelles trois accusés: Planquette, Parizy, Caron; Lesœur, ami de Châtel et onze ouvriers. La commission rogatoire, le 25 août, ne trouva rien dans les papiers de Châtel; elle rapportait seulement que « Châtel continue à exciter l'ouvrier contre le maître; se rend aux ateliers communaux pour engager les ouvriers à ne pas reprendre leurs travaux dans les manufactures; il est en correspondance avec des agitateurs de Paris ». (Dossier de la Cour d'appel de Caen.)

(2) On avait trouvé chez Planquette un fusil de munition, un fusil de chasse, un pistolet (les deux derniers chargés) et une épée; chez Parisy, un fusil et un sabre; chez Châtel, « un énorme couteau-poignard et une épée! » un couteau de table servant à découper, dit celui-ci, et une épée sans bout ». (Dossier du greffe de la Cour d'appel de Caen.)

XX. *Élection du maire et des adjoints* [octobre]. — Plus de trois mois s'étaient écoulés depuis les élections municipales, lorsque enfin M. Dussard s'avisa de convoquer le nouveau conseil.

Comme ce conseil jouera un rôle dans cette histoire, je vais citer les noms des vingt membres qui le composaient :

MM. Chesneau, rentier ; Prévost, rentier ; Noyon, rentier ; Noël Raymond, ouvrier ; Colpard, cultivateur ; Leblanc, peintre ; Billard, menuisier ; Matte, pharmacien et Châtel, médecin, détenu ; ces noms appartenaient au parti républicain.

Et MM. Papillon, rentier ; Picquot, filateur ; Hardy, filateur ; Filleul, filateur ; Vadecard, épicier ; Hautecœur, ouvrier ; Caron, cultivateur ; Énoul, boucher ; Masselin, boulanger ; Dubuc, père, rentier ; Michel, rentier ; Bigot, appartenant au parti des modérés.

Le candidat des républicains aurait été M. Prévost, mais comme ils n'avaient pas la majorité, plusieurs crurent devoir se rallier à l'autre parti qui portait M. Papillon.

M. Papillon avait été adjoint et longtemps conseiller ; pendant la Révolution, il avait gardé, ou fait semblant de garder, une certaine neutralité ; il se fit longtemps prier pour accepter le titre de maire et finit enfin par accepter. Il fut élu à la majorité de quinze voix contre cinq. La suite apprendra si l'on eut lieu de se féliciter d'un pareil choix.

M. Vadecard, adjoint avant le 24 février, fut réélu à la majorité de douze voix, contre huit à M. Prévost.

Le second adjoint fut pris dans l'autre parti, ce fut une concession de la part de la majorité.

Leblanc, ancien secrétaire du club, fut élu deuxième adjoint, à la majorité de onze contre neuf ; comme il ignorait sa candidature, il vota contre lui (1).

XXI. *Un* Te Deum *manqué* [novembre]. — Le 19 novembre, la Constitution fut proclamée dans la commune de Monville, comme dans toutes les autres communes de France.

A cet effet, on mit deux tréteaux sur le milieu de la place d'Armes, on plaça des planches dessus, et le maire assisté de ses deux adjoints monta sur cet étal.

---

(1) Tout ceci est exact, d'après les procès-verbaux de l'élection, déposés aux Arch. dép. M, Monville, Élec. communales.

Le commissaire de police, les conseillers municipaux et les gardes nationaux faisaient le cercle autour de cet échaudage ; le maire ensuite fit la lecture de la Constitution, mais il fut bientôt interrompu par un incident des plus comiques.

Le maire était convenu avec le curé que le *Te Deum* serait chanté à une heure, mais la Constitution qui, comme on le sait n'était ni courte, ni bonne, ne put être lue à l'heure précise et le curé qui tenait à l'heure militaire, fit sonner les cloches à l'heure dite, de sorte que le bruit des cloches couvrait totalement la voix du maire.

Le curé sonnait, le maire lisait, ce qui causa un grand scandale ; on pria le curé de cesser le bruit des cloches, ce qu'il fit aussitôt ; mais au bout de cinq minutes il recommença son carillon de plus belle.

Le commissaire, indigné d'une telle conduite, alla le trouver dans l'église et lui intima l'ordre de cesser tout vacarme, il le menaça même d'user de son autorité, mais le curé s'obstina à faire sonner et pour réponse, il entonna son *Te Deum* tout seul.

Pendant ce temps, le maire terminait sa lecture et les autorités entrèrent dans l'église pour entendre la fin du *Te Deum*. C'est ainsi que l'œuvre de la Constituante fut proclamée à Monville. Pauvre Constituante !

XXII. *Le maire* (1) *et le second adjoint*. — Bien que le fait que je vais raconter soit un peu personnel, il peint tellement l'homme, que j'ai cru devoir le consigner dans ces feuillets.

(1) Le maire, Laurent Papillon, né en 1792, ne paraît pas avoir eu le caractère facile. Le voici brouillé avec Leblanc ; en 1852, il poursuit tous les républicains, surtout Prévost, qui lui rend bien sa haine (voir III, I, note) et même de simples conseillers comme Michel. Battu aux élections de 1860, il attaque l'élection devant le Conseil de préfecture et le Conseil d'État. Lemaître-Choisy, maire et son successeur, à qui il s'en prend, ne le ménage point ; pour lui « l'ex-maire est furieux de ne pas être réélu du conseil » et s'allie à un certain « Cordier Horace, connu pour un ennemi de la tranquillité publique ». Et le nouveau maire ajoute, en s'adressant au préfet, que ce préfet sait bien « l'esprit de tracasserie dont M. Papillon est animé contre l'administration municipale..., l'entêtement de cet homme est assez connu dans vos bureaux... » Du reste, le préfet écrivait déjà en 1851, lors d'une autre démission de Papillon : « Je regrette sous un certain point de vue cette détermination de M. Papillon, il a donné des preuves de dévouement au gouvernement dans des circonstances difficiles, mais d'un autre côté, son départ aplanira une quantité de difficultés de toutes natures que son caractère difficile et son entêtement insurmontable avaient fait naître dans la commune. » (Arch. dép., M, Monville, Élect. communales.)

Leblanc, second adjoint, avait été invité à la noce de Gilles, messager; celui-ci désirait qu'il le mariât; Leblanc répondit que cela lui était indifférent, mais que dans tous les cas il fallait que Gilles allât trouver le maire pour qu'il donnât sa délégation pour cet acte civil. Le maire répondit à cette demande que M. Leblanc n'était adjoint que pour la police et ne pouvait marier; celui-ci, comme on le comprend, fut surpris d'une telle décision; il alla de suite trouver le maire pour lui dire qu'il n'entendait nullement être adjoint pour la police; le maire là-dessus se radoucit et dit que Gilles avait mal compris, et la preuve que s'il voulait venir avec lui chez le greffier de la mairie, il ferait mettre l'acte en son nom.

Voilà donc le maire et le second adjoint chez le greffier: le maire demande si l'acte du mariage à Gilles est fait. « Non, Monsieur, répond le greffier, je vais m'y mettre à l'instant même. — Eh bien, en ce cas, reprend le maire, mettez-le au nom de M. Vadecard... »

Le second adjoint fut stupéfait, l'étonnement le rendit muet; il se contenta de leur tourner les talons et de se retirer.

Depuis ce jour, le second adjoint n'éprouva plus pour son maire que la plus profonde aversion.

Une injure s'oublie, mais l'amour-propre offensé ne se pardonne jamais.

———————

TROISIÈME PARTIE

I. *Le dix décembre.* — Le peuple français fut appelé dans ses comices électoraux pour la nomination du Président de la République; on connaît le résultat de ce vote qui donna cinq millions et demi de voix à Louis-Napoléon Bonaparte. La bourgeoisie le nomma par peur et les paysans avec amour : Napoléon était l'homme des paysans; la chute de l'Empire avait rendu à leurs foyers les débris glorieux de l'armée de la Loire, et les vieux soldats avaient bercé leurs enfants au récit des exploits du grand capitaine.

La mort de Napoléon sur un rocher aride au milieu de la mer avait arraché des larmes même à ses ennemis, et le martyr de Sainte-Hélène avait grandi dans l'imagination du peuple bien plus que s'il était mort dans le palais des Tuileries.

Les poètes l'avaient chanté et glorifié sur tous les tons, la redingote grise et le petit chapeau étaient passés à l'état de légende et le nom de Napoléon était entouré du prestige d'une gloire universelle.

C'est ainsi qu'on peut expliquer la nomination de son neveu.

La France en le nommant nomma aussi un peu l'insurgé de Boulogne et de Strasbourg; sans ces deux équipées beaucoup de personnes auraient ignoré que l'Empereur avait des neveux.

Les cinq communes réunies donnèrent à peu près le résultat suivant :

Louis-Napoléon Bonaparte.	580 voix.
Ledru-Rollin.	43 voix.
Cavaignac.	15 voix.
Lamartine	2 voix.

Le 20 décembre suivant, M. Bonaparte monta à la tribune de la Constituante et, devant Dieu et devant le peuple français, il jura fidélité à la Constitution et à la République démocratique (1).

C'était un serment de prince.

(1) Si l'on en peut croire les deux lettres suivantes que, menacé par le maire Papillon, le premier maire provisoire de Monville, écrivit à la Préfecture en 1852, Prévost aurait été dans sa sphère un agent actif des bonapartistes. Il insiste sur les preuves d'attachement qu'il a données avant le 10 décembre 1848 et veut trop les produire pour qu'on en puisse douter. Leblanc resta certes toujours en dehors de sa confidence à ce sujet, encore que Papillon le donne en 1852 pour un « homme de Prévost ». Voici du reste les deux lettres : « 1° — Prévost, propriétaire, rentier et membre du Conseil municipal de la commune de Monville, près Rouen. — A Monsieur le Préfet du département de la Seine-Inférieure. Monsieur. Je m'attendais à ce qu'en conformité de votre circulaire, M. le Maire de Monville inviterait le Conseil municipal de cette commune, à assister en corps à l'église, pour entendre chanter le *Te Deum* qui a été chanté, aujourd'hui, en action de grâces à l'occasion du vote du plébiscite du 2 décembre du Prince Louis-Napoléon Bonaparte, mais j'ai été trompé dans mon attente, puisque je n'ai reçu de M. le Maire aucune invitation à cet égard. L'abstention de M. le Maire à inviter le Conseil municipal dont je fais partie à assister à cette fête solennelle, de même qu'à donner son adhésion au plébiscite, est un fait que tout homme sincèrement attaché à la personne du Prince ne peut passer sous silence et doit lui faire un devoir d'en informer l'autorité supérieure. J'ai aux mains, Monsieur le Préfet, la preuve authentique et irrécusable, ayant date antérieure au 20 décembre 1848, de mon sincère attachement et de mon entier dévouement à une famille dont le grand génie a, par sa supériorité sur tout autre génie du monde, sauvé une seconde fois la France en péril, aussi ai-je fait des prosélytes au Prince et ai-je prouvé, par mon bulletin de vote du 21 décembre dernier qui contenait : oui, *10 millions de fois oui*, combien mon adhésion avait de sincérité et d'extension. J'ajoute que c'est par moi et mes amis que le nom du Prince est sorti la 1re fois de l'urne électorale dans le département de la Seine-Inférieure, lors du vote pour les représentants du peuple et que j'ai distribué 4.000 listes pour l'élection du 10 décembre 1848. Vous en dire plus long, Monsieur le Préfet, sur mon dévouement sans limite à l'honorable Prince, que mon cœur qualifie intérieurement de *Napoléon Legrand II* (sic), serait abuser de vos moments précieux, il me suffira, je pense, Monsieur le Préfet, de vous dire que je suis *Napoléonien* de temps très immémorial, et que le triomphe de cette cause a été l'objet du rêve de tous mes jours et des préoccupations de toute ma vie. Croyez-le bien, Monsieur le Préfet, je ne suis mû par aucun sentiment d'ambition, car à aucune époque, je n'ai sollicité ni faveurs ni fonctions; je suis essentiellement conservateur, mais calme et homme d'ordre avant tout. Tout autre tableau serait inexact et je tiendrais à l'établir surtout à vos yeux, Monsieur le Préfet, *par des preuves écrites, authentiques et irrécusables, émanant de haut lieu.*

« Quant au fait dont je viens me plaindre à l'égard de M. le Maire de Monville, vous savez, Monsieur le Préfet, ce que vous avez à faire à ce sujet, je ne fais que de vous en informer, afin que vous soyez à même d'apprécier ce fonctionnaire, et à telles fins que de raison. Recevez, Monsieur le Préfet, l'assurance de la haute considération de celui qui a l'honneur d'être avec un profond respect, Monsieur le Préfet, votre bien dévoué et obéissant serviteur. Prévost. — Monville, ce 11 janvier 1852. »

II. *La Contre-enquête.* — Châtel et Planquette allaient bientôt paraître en cour d'assises; les témoins à charge étaient assignés, lorsque des bruits étranges se propagèrent dans le public; des témoins, disait-on, avaient été soudoyés par la bourgeoisie, un surtout, un malheureux, depuis que cette affaire durait, était assisté d'une manière fort prodigue.

Le commissaire Ligois crut devoir ouvrir une enquête pour savoir la vérité là-dessus; il en résulta que ces bruits n'étaient pas dénués de fondement, mais en même temps Ligois fut tout à fait perdu dans l'esprit de la réaction.

Le ministère public avait fait assigner une quarantaine de témoins à charge et n'en avait accordé aux accusés que six à

« II° — Monville, près Rouen, ce 20 février 1852. — Prévost, propriétaire et membre du Conseil municipal à Monville. — A Monsieur le Préfet de la Seine-Inférieure, officier de la Légion d'honneur. Monsieur. L'abstention de M. le Maire de Monville à inviter le Conseil municipal de cette commune dont je fais partie, à assister au *Te Deum* et à donner son adhésion à la grande mesure du 2 décembre m'a mis dans l'obligation, Monsieur le Préfet, de vous en donner avis par ma lettre du 11 janvier dernier, ainsi qu'à Monseigneur le Prince-Président, par ma missive du 23 du même mois, *honorée d'une réponse,* en lui envoyant en même temps, directement, ma franche et complète adhésion à cette grande mesure, agissant dans cette circonstance tant en mon nom personnel que comme étant le fidèle interprète des trois quarts au moins des habitants de Monville. Depuis lors, Monsieur le Maire a convoqué une partie du Conseil municipal, notamment pour la session de février sans m'adresser aucune lettre de convocation. Ce mépris de sa part envers un conseiller municipal caractérise matériellement un manque de devoir, qui selon moi, ne peut avoir d'autre cause qu'une divergence d'opinion sur la grande mesure du 2 décembre à laquelle M. le Maire paraît n'avoir donné que bien tardivement un assentiment pâle et bien froid. Si donc, Monsieur le Préfet, vous approuviez ce qui n'est ni présumable, ni supposable, la conduite de M. le Maire de Monville à mon égard, je me verrais forcé, pour ma dignité personnelle, de vous adresser ma démission de conseiller municipal, surtout à cause de la sympathie que j'ai toujours eue pour une famille que je révère et dont je suis le bien sincère et zélé partisan depuis temps immémorial ainsi que le constatent les documents que j'ai aux mains, sympathie que je considérerais dès lors comme méconnue, mais qui n'en resterait pas moins inaltérable. Je sollicite de votre justice, Monsieur le Préfet, *une réponse quelconque à la présente missive,* afin que je sache ce que j'ai à faire dans cette circonstance. Dans cet espoir, j'ai l'honneur de vous offrir la vérité des sentiments respectueux et de la plus haute considération de celui qui est bien sincèrement, Monsieur le Préfet, votre très humble et très obéissant serviteur. Prévost. » Plusieurs documents trouvés aux Archives départementales nous portent à croire que ce zèle bonapartiste fut fréquent dans la région, dès le lendemain de la Révolution; surtout il y a une lettre d'un instituteur (officier retraité et décoré) de la Bouille, qui avoue son culte naïf pour le premier Empereur. C'est une question que nous examinerons si nous pouvons mener à bien l'histoire de la Seine-Inférieure sous la Deuxième République.

décharge. Quarante contre six ! (1) Il faut avouer que la Justice a une singulière balance. M. Chesneau et un grand nombre de citoyens donnèrent des certificats en faveur de Châtel; Ligois s'empressa de légaliser toutes ces signatures pour qu'elles pussent servir à qui de droit.

Maintenant, nous allons suivre Monville à Caen, et c'est comme acteur et comme témoin oculaire que je vais raconter les divers épisodes de ce procès qui restera célèbre dans les fastes judiciaires de ce pays.

Pour pénétrer dans cette œuvre d'intrigue et de ténèbres, je prendrai le flambeau de la vérité; tant pis pour ceux à qui il brûlera les yeux.

III. *Voyage à Caen.* — Le lundi 18 décembre 1848, nous prîmes le chemin de fer à Malaunay, à 7 heures et demie, et, à 11 heures, nous étions arrivés au Havre, où nous n'eûmes que le temps de déjeuner; le bateau à vapeur partait à midi pour la traversée de Caen.

Je n'avais jamais vu la mer et ce fut pour moi une grande jouissance que la vue du magnifique panorama qui se déroule autour de vous lorsqu'on part du Havre par la mer. Le temps était calme et les flots venaient expirer mollement contre les roues du bateau, qui les broyait. Hélas! il n'en était pas ainsi du monde politique; les vagues agitées de l'océan révolutionnaire engloutissaient chaque jour quelque victime de la cause républicaine.

En quittant la mer, pour arriver à Caen, on remonte l'Orne, petite rivière qui ne serait pas navigable si elle n'était canalisée; auprès de la mer, la vallée est agreste, inculte, sauvage; on aperçoit à gauche, au sommet de la colline, le château de Ranville, demeure de M. de Guernon-Ranville (2), ancien ministre et signataire des fatales ordonnances de Juillet.

---

(1) Ovide Lesœur, marchand-grainetier; Louis Noyon, rentier; François Leblanc, peintre, et Prévost, furent demandés par Châtel. Mais ce dernier était déjà témoin à charge! — On trouve une autre liste, avec les noms du commissaire Ligois, L. Leroux, ouvrier fileur, compromis dans l'affaire; Pierre Brument et trois ouvriers de Monville ou Malaunay.

(2) Leblanc écrit par erreur Guernon de Ranville. — Martial, *comte de Guernon-Rancille* (1787-1826), docteur en droit, ministre de l'instruction publique et des cultes sous Charles X, a laissé des mémoires posthumes : *Journal d'un ministre*, publiés par J. Travers, Caen, 1873, in-8° (notice par Bouillée, *Mém. de l'Acad. de Caen*, 1867).

Plus loin, en descendant, on voit, le long de la rivière, d'immenses carrières de pierres, avec lesquelles la ville de Caen est bâtie; mais bientôt l'aspect change; on aperçoit, à l'horizon, de magnifiques avenues d'arbres et les rayons du soleil couchant dorent, dans les airs, les flèches élancées des églises de Caen; nous approchons des quais et, à 4 heures, nous foulons le pavé de la patrie de Charlotte Corday.

IV. *Moncille à Caen.* — Si j'écrivais mes impressions de voyage, je vous montrerais la ville de Caen avec ses grises maisons de pierre et ses antiques monuments, tels que les églises Saint-Pierre et Notre-Dame-l'Abbaye; mais non, je préfère vous conduire chez M. Scheppers, avocat de Châtel et de Planquette.

M. Scheppers était un homme d'une physionomie intelligente et affable; on pressentait en lui le républicain consciencieux et dévoué; il s'empressa de nous communiquer le dossier relatif au procès, et nous pûmes juger par nous-mêmes du nombre et de la nature des griefs qui pesaient sur les accusés (1).

Il y avait une soixantaine de dépositions; mais on en avait récusé une vingtaine, sans doute parce qu'on les avait trouvées trop absurdes ou trop ridicules.

Les faits attribués à Châtel, pris isolément, étaient insignifiants; c'était tantôt un geste, tantôt un signe, ou bien une parole équivoque; mais on comprenait que tout cela était groupé avec art et en s'appuyant sur un grand nombre de témoins, on pouvait trouver matière à une terrible accusation.

On fouillait aussi jusque dans sa vie privée, où, du reste, on pouvait trouver à redire (2).

Mais n'anticipons pas sur les faits et rendons-nous à l'audience, où le devoir va nous appeler.

V. *L'acte d'accusation.* — Le mercredi 20 novembre, à 2 heures, nous nous rendîmes au Palais de Justice, construction moderne qui n'offre rien de remarquable.

Lorsque l'appel des témoins fut terminé, le procureur général, avec son accent gascon, nous fit la lecture de l'acte d'accusation.

---

(1) Cet avocat défendit, en outre, six des accusés dans le procès des émeutes de Rouen et onze accusés au procès des troubles d'Elbeuf (*Mémorial* et *Journal de Rouen*, 13 nov. 1848 et suiv.).

(2) Cf. II, XVIII, note 2.

Contrairement à l'usage, cette pièce était assez courte (1) : Châtel était accusé d'avoir voulu exciter la guerre civile, en armant les citoyens les uns contre les autres et d'avoir été à Malaunay, avec les ouvriers, pour démolir une arche du chemin de fer.

Dans le cas où le jury aurait rendu un verdict négatif, Châtel devait être renvoyé devant la police correctionnelle sous la prévention d'avoir vendu un cheval qui lui appartenait, mais qui avait été saisi par un jugement.

Ainsi les mesures avaient été bien prises, Châtel n'en pouvait réchapper et il fallait toujours qu'il tombât de Charybde en Scylla.

Quant à Planquette, le crime était palpable, on l'avait vu, lui, l'insurgé, les armes à la main (et quelles armes, bon Dieu !), ce forfait demandait une punition exemplaire ! (2)

Le ministère public concluait à l'égard des deux accusés à l'application de l'article 91 du Code pénal, qui se trouvait être tout simplement la peine de mort.

N'est-ce pas qu'on reconnaît à cela la générosité des honnêtes et modérés ?

VI. *Les témoins à charge.* - - Je laisserai ici de côté beaucoup de témoignages (3) reposant sur des actions qui par elles-mêmes ne pouvaient être incriminées.

---

(1) Cet acte résumait l'accusation du procureur général de la République près la Cour d'appel de Rouen. Celui-ci disait : « L'insurrection qui éclata dans la ville de Rouen, les 27 et 28 avril 1848, n'était pas tout entière concentrée dans la cité; elle avait des ramifications au dehors et de coupables tentatives furent faites, par quelques agitateurs, pour soulever les populations ouvrières des vallées et pour les lancer sur la ville au secours des insurgés. » Ses paroles s'aggravaient dans le réquisitoire : « Le 28 avril dernier, une insurrection éclata à Rouen; dès le lendemain, elle avait envahi le faubourg de Saint-Sever et quelques communes voisines de la ville. Un certain nombre d'ouvriers de Monville prirent part à ce mouvement. » La connexité était établie entre les deux affaires; Châtel avait réuni les ouvriers et les avait menés jusqu'à Malaunay, où la troupe les arrêta. Du reste, « la conduite de Châtel a soulevé l'indignation générale dans la commune » (voir les pétitions !), car il tenait aux ouvriers « des propos les plus dangereux, allant jusqu'à leur dire de tenir bon, de ne pas retourner dans les filatures, que ce serait le moyen de faire augmenter le salaire; que les ouvriers l'emporteraient sur les riches, que s'il devenait maire, ils seraient payés largement. » (Arch. du Greffe, Cour d'appel, Caen.)

(2) Le réquisitoire rapportait notamment ses paroles : « qu'il fallait tenir bon et résister à ces canailles de propriétaires, qui s'étaient enrichis des sueurs de l'ouvrier. » (Arch. du Greffe de la Cour d'appel, Caen.)

(3) D'entre les témoignages, celui du troisième maire provisoire Gaillard-Lemaître, manufacturier, est des plus accablants (voir du reste, plus haut, sa

Seulement, il était constant que Châtel avait rejoint les ouvriers des ateliers nationaux auprès des arches du pont ; un seul témoin, parmi les témoins à charge aurait pu dépeindre son attitude : c'était le lieutenant de la ligne, et, notez bien ceci, ce témoin était absent, et on se contenta de sa déposition par écrit ; on n'avait pas eu le temps de le faire assigner, a dit le procureur (1). Quelle ironie ! quand l'instruction durait depuis six mois ! La déposition de ce témoin portait que Châtel s'était empressé d'engager les ouvriers à se tenir tranquilles et à attendre dans tous les cas qu'on les demandât.

Ainsi la question était simplifiée ; il s'agissait de savoir si Châtel avait voulu se mettre à la tête de cette insurrection, pour parler le style de l'accusation, où bien s'il était venu là pour l'empêcher (2).

---

lettre de démission). Il va jusqu'à dire : « Avant la Révolution de Février, Châtel était dans un état de profonde misère ; il était sans bois, sans pain ; aussi, nous nous étions cotisés dans le pays pour lui venir en aide. Depuis lors, sa position a bien changé ; il est bien vêtu, fait de la dépense, quoi qu'il ait perdu toute sa clientèle payante ; aussi, il est évident pour chacun de nous que Châtel est un agitateur payé. » Le filateur Picquot, l'un des sinistrés de la trombe de Monville, à qui Châtel avait été l'un des premiers à porter secours en 1845, racontait, dans sa déposition, qu'il avait reçu des injures « à l'époque du tarif de M. Deschamps (10 mars), d'un groupe d'ouvriers d'où sortait Châtel » et constate une « une amélioration depuis que Châtel est arrêté ». Enfin, un facteur va jusqu'à soupçonner « l'accusé d'être un incendiaire ». Celui-ci se défend et d'avoir été un agitateur et d'avoir promis 1 fr. 25 aux ouvriers municipaux s'il était maire : « Comme adjoint, j'ai visité les ateliers nationaux, mais jamais mes paroles n'ont eu pour but d'éloigner les ouvriers des filatures et jamais je n'ai brigué les fonctions de maire. » (Dossier du procès, Arch. du Greffe, Cour d'appel, Caen.)

(1) Déposition du sieur Daudel, 35 ans, capitaine de voltigeurs au 28° régiment en garnison à Rouen (extrait) : Après avoir dissipé un rassemblement armé venu du Houlme, il vit s'approcher un nouveau rassemblement venant de Monville. Il fit cercle à 50 ou 60 mètres du pont et s'en retourna sur Monville : « Dans mon opinion la personne de taille élevée dont j'ai parlé (Châtel) était un excitateur et j'estime, *sans pouvoir autrement l'affirmer*, que la détermination prise par le rassemblement de rétrograder vers Monville était le résultat des renseignements obtenus des personnes qui venaient de Rouen (le voiturier de Maromme à qui Châtel venait de parler) et qu'on a dû lui dire que son secours en l'absence d'autres armes que des bâtons, serait tout à fait inefficace, en présence surtout des mesures militaires prises au Mont-Riboudet, où stationnaient deux pièces d'artillerie et environ 400 à 500 hommes de troupes et de garde nationale. »

(2) L'accusation affirmait d'après les dépositions de Dubuc et Lemaître-Choisy : « Il a assisté au départ des ouvriers » à Monville. Or, la déposition de Lemaître-Choisy débute ainsi : « Je n'étais pas à Monville, mais j'ai entendu dire... »

Dans cet embarras, le président demanda à un témoin notable du pays, à M. Bigot, s'il croyait, lui, dans son âme et conscience, que Châtel fût parti à Malaunay dans l'intention de détruire le pont, où, disait-on, il devait passer de la poudre.

M. Bigot n'hésita pas à répondre : Oui, telle est ma conviction.

Je crois que M. Bigot était de bonne foi en répondant ainsi : je sais trop combien les passions religieuses et politiques faussent le jugement et les convictions des hommes.

Mais enfin, ce que je tiens à constater, ce n'était pas le fait que l'on poursuivait, c'était l'intention.

VII. *Les témoins à décharge* (1). — Dans ces conditions, le rôle des témoins à décharge devenait presque passif et ne pouvait changer en rien le système du procès, sauf peut-être à modifier les appréciations du jury.

La déposition des témoins se fit très lentement ; on avait commencé à 10 heures du matin et fini à 8 heures du soir, pour aller diner, sauf à reprendre l'audience à 10 heures et à continuer la nuit pour les plaidoiries.

Je n'ai pu assister à la séance par la raison toute simple que j'étais appelé à déposé le dernier et que la loi interdit la présence des témoins dans la salle d'audience.

Le président Leféron de Longcamp (2), qui venait de juger les insurgés de Rouen, et qu'on avait surnommé le Fouquier-Tainville de la réaction, dirigeait les débats avec la même passion qu'il avait montrée lors du dernier procès.

Le rôle des témoins à décharge était donc tout passif, il ne s'agissait que de redonner aux faits leur caractère véritable ; ils furent écoutés mais du reste assez mal accueillis.

On leur a reproché d'avoir tous dit la même chose, eh bien ! où est le crime quand on ne s'entend pas ensemble, ce serait plutôt un signe de sincérité.

VIII. *Memento*. — Je profitais tranquillement de mes instants de loisir pour écrire ces mémoires, lorsque tout à coup une nouvelle étonnante arrive comme un coup de tonnerre.

---

(1) A partir du présent paragraphe jusqu'à la fin, le manuscrit original est d'une écriture hésitante. Toute cette partie a dû être rédigée en 1891.

(2) La mémoire de Leblanc est inexacte, par erreur il appelle ce président Longer-Loncamp dans ses trois manuscrits.

L'Assemblée nationale est dissoute, le Président, menteur à sa parole, parjure à ses serments, foule aux pieds la Loi des lois, la Constitution.

Les citoyens les plus honnêtes et les plus respectables sont dénoncés et poursuivis comme suspects (1).

La terreur des plus mauvais jours de notre époque se fait sentir partout. Un silence de mort glace les bouches et les cœurs, et selon une expression énergique, on avait châtré la France. Suivant toujours ma méthode, je vais raconter un fait dont je fus témoin oculaire.

C'était en février 1852, quoique habitant Monville, j'allais alors travailler à Maromme et chaque jour je passais chez un de mes collègues nommé *Aymart*, peintre comme moi; c'était un républicain sincère et dévoué, un peu exalté peut-être; il avait été compromis lors des journées de juin.

Que l'on juge de ma surprise lorsqu'un matin, en entrant chez lui, j'aperçus sa femme en pleurs, tenant son petit enfant dans ses bras; son mari avait été enlevé la nuit par les gendarmes qui même avaient fouillé le pavage pour y chercher des armes; il fut

---

(1) Il ne me paraît pas inutile de donner quelques détails sur les événements de Monville en 1851-52. Le 12 décembre, le maire Papillon signalait au préfet que l'on devait compléter le conseil; cinq conseillers manquaient : Picquot; Jue, démissionnaire; Châtel, condamné à six ans ; Dubuc père, démissionnaire (cf. I, IX, note I) ; Chesneau, id., parti à Versailles; plus les « membres n'ayant pas répondu à la convocation du conseil et r » s'étant pas présentés depuis six séances : MM. Prévost (cf. III, I, note, lettres de prostestation contre cette attaque) ; *Leblanc, second adjoint*; Billard ; Noël ; Malte et Colpard. » — Le 22 du même mois, il constatait que dix membres seulement du conseil étaient en exercice, et proposait en remplacement des absents les noms de MM. Lemaître-Choisy, Salvé, Hamel, P. Duval, Saunier, L. Daussy, Jollain, Bourguignon, L. Piseaux, M. Hulard et Parfait Leblanc. « Le préfet de la Seine-Inférieure, en vertu des pouvoirs extraordinaires conférés aux préfets par le ministre de l'Intérieur », arrêtait les nominations demandées par le maire. Chose curieuse, le chef de bataillon Filleul, conseiller conservateur, suivait les autres dans leur disgrâce. En août 1852, Papillon signalait à nouveau Prévost, comme chef du parti hostile au gouvernement; Dubuc père qui « en présence des électeurs calomniait l'administration supérieure et surtout celle de la localité » ; Picquot Eugène, « en 1818, à Paris, fut lieutenant des ateliers nationaux, je tiens ce renseignement de son frère » ; *Leblanc F., deuxième adjoint, homme de Prévost, très hostile au gouvernement*; Michel Esprit, homme de Prévost, également hostile, et Marais Pierre, à Yvetot, ancien juge de paix révoqué, hostile lui aussi. » — Les élections étaient mauvaises dans la commune. Papillon et Vadecard, seuls soutiens du gouvernement avaient été nommés maire et adjoint, mais Leblanc et la liste d'opposition avaient la majorité. (Arch. dép. M.: Monville, élections communales.)

déporté en Algérie où il est mort. Quarante ou cinquante mille citoyens français furent enlevés ainsi et cela sans jugement.

L'histoire du coup d'État est encore à faire; elle sera le pendant de la Saint-Barthélemy et des Dragonnades.

IX. *Un incident.* — Mais revenons à notre récit que j'ai perdu de vue et cela pendant l'espace de quarante ans; il faut que je cherche pour renouer le fil de mon récit.

C'était, je l'ai dit, au mois de décembre, où les jours étaient courts, de sorte qu'après l'audition des témoins, la séance fut renvoyée après dîner. A la rentrée, un incident se produisit : l'un des témoins à charge demanda la parole et vint affirmer que, lors d'une visite qu'il avait faite à M. Senard, celui-ci lui avait dit que Châtel était payé par ses comités (1).

En présence de l'énormité de ce fait, je demandai à répondre en m'avançant dans le prétoire.

Le sieur Dubuc (2) avait fait partie du bureau du club et, comme tant d'autres, il avait déserté; je lui demandai donc comment se faisait-il que lorsque nous allâmes ensemble chez M. Chesneau pour lui rendre compte de sa démarche, il n'en avait pas soufflé mot, et moi-même, étant allé également voir M. Senard, et qu'en causant avec lui du rôle de Châtel, il ne m'eut pas parlé de cela.

Dubuc, quoique un peu interdit, prétendit qu'il en avait parlé à cette époque; en présence d'une telle audace, je fus indigné et lui dis d'un ton énergique : « Vous êtes un menteur ! »

Je ne sais comment le président (3) ne m'a pas admonesté, mais je m'empressai de retourner à ma place. Deux spectateurs vinrent me serrer la main; j'ai su depuis que c'étaient deux rédacteurs de la *Réforme.*

X. *Réquisitoire.* — En ce temps-là, un certain Gascon habillé en procureur général tint à peu près ce langage:

Messieurs les jurés,

Une vaste conspiration s'était formée dans Rouen et les environs, et l'un des chefs, c'était Châtel. Dans cet immense complot qui

---

(1) Cf. déposition Gaillard-Lemaître (III. VI. note).
(2) Dubuc fils, médecin.
(3) Le manuscrit original dit : *un président si terrible.*

enveloppait cette contrée avec ses ramifications, un des principaux meneurs était Châtel.

Ils ont paru devant la Cour tous ces fauteurs de désordre qui ont osé s'insurger contre le suffrage universel, et le jury les a sévèrement punis; mais il vous est réservé de châtier un des plus coupables, et c'est Châtel...

Après cet exorde foudroyant, le Gascon est [entré] dans le détail des faits relatés par l'accusation et la déposition des témoins. C'était un assemblage de détails qui, étant éparpillés avec art, finissaient par former un assemblage de preuves qui ne prouvaient rien, mais qui laissaient le doute dans la conscience des jurés. Il lança vertement certains personnages louches dont Châtel fut le commensal, et entendant cela, j'ai vu deux témoins soi-disant républicains cacher leur figure dans les plis de leur manteau.

Après ce plaidoyer foudroyant, le Gascon demanda des circonstances atténuantes. Qu'en pensez-vous? O Tartufe, tu seras donc immortel!

XI. *La défense.* — M. Scheppers prit alors la parole, pour la défense des accusés ou plutôt de l'accusé, car Planquette n'avait qu'un rôle secondaire.

Il commença par raconter l'enfance de Châtel, né aux colonies(1); il avait eu beaucoup de luttes à soutenir pour arriver à la profession de médecin. Enfin, il était venu à Monville et avait succédé au vieux docteur Vienne.

Ses connaissances spéciales et son humanité pour les pauvres lui firent des jaloux parmi les autres médecins de la contrée.

Il discuta longuement les dépositions des témoins, mais le président terrible l'interrompit plusieurs fois; il fut forcé de dire qu'il allait se trouver contraint d'abandonner sa défense.

Enfin, le calme revint; il put continuer; il parla de la femme et de l'enfant de Châtel dont il était séparé depuis cinq mois et qui se trouvaient sans secours; il commenta longuement les procès-verbaux du club, rédigés, dit-il, avec impartialité, puisque le secrétaire ne partageait pas les mêmes idées.

Après ce plaidoyer, qui dura trois heures et demie, la séance continua pour le résumé du président.

---

(1) Erreur. — Cf. I, IX, note 1.

XII. *Le résumé.* — A cette époque, les présidents de cours d'assises rappelaient au jury les incidents du procès. D'après l'esprit de la loi, ce rapport aurait dû être impartial du côté de l'accusation comme de la défense; il l'était si peu, qu'on fut obligé de le supprimer depuis, ce qui ne fait pas honneur à MM. de la Justice.

Le lecteur se doute bien de quelle façon se fit ce résumé. Ce fut une longue diatribe contre les accusés, où tous les griefs étaient mis en relief, tandis que la défense passait inaperçue.

Il faudrait, pour se rendre compte des passions qui tourmentaient cette époque terrible, relire les journaux de Caen et de Rouen, où sont racontés les débats du procès des accusés pour l'émeute qui eut lieu à Rouen le lendemain des élections. Lorsque le président termina son monologue, il était 3 heures du matin. Il régnait un silence de plomb dans la vaste salle. On sentait que la fin du drame approchait et qu'on allait bientôt connaître le dénouement.

XIII. *Le verdict.* — Le défenseur ayant remis dans les mains du jury différentes pièces et les procès-verbaux du club, MM. les jurés se renfermèrent dans leur salle, et ils purent s'inspirer des lumières du Saint-Esprit, ou du moins du bon esprit du Calvados (1).

Au bout d'une demi-heure de suspension, le jury revint sur ses bancs et rendit un verdict affirmatif mitigé par des circonstances

---

(1) *Questions :* 1er fait. — « L'accusé Châtel est-il coupable d'avoir, à Monville, le 28 avril 1848, exécuté un attentat dont le but était d'exciter à la guerre civile en armant et en portant les citoyens ou habitants à s'armer les uns contre les autres? » NON. — 2e fait : « Est-il coupable d'avoir... dans un mouvement insurrectionnel provoqué ou facilité le rassemblement des insurgés en les excitant à se rendre d'abord à Malaunay pour s'opposer au passage d'un convoi de munitions de guerre venant de Dieppe et à marcher au secours de Rouen? » OUI. — Quant à Planquette, s'il était coupable d'avoir « dans un mouvement insurrectionnel porté une arme apparente », on reconnaissait qu'il n'avait point crié : « Allons, mes amis, marchons au secours de nos frères que la garde nationale de Rouen assassine », non plus qu'il avait excité à la guerre civile ni dit « aux ouvriers qui hésitaient : Ne viendrez-vous pas, lâches, au secours de vos frères. » — L'accusation avait dès Rouen abandonné les poursuites contre Pierre Caron et Parizy, non détenus, ouvriers qui avaient été vus dans le groupe qui marcha sur Malaunay. (*Dossier* au greffe de la Cour d'appel de Rouen; troubles de Rouen des 27 et 28 avril 1848, affaire relative à Châtel, Planquette, Caron et Parizy dit Pipi, Cour d'assises du Calvados, séant à Caen, 20 et 21 décembre 1848.)

atténuantes. En conséquence, Châtel fut condamné à six ans de prison et Planquette à cinq années (1).

Tel fut le résultat de ce procès (2). Les condamnés furent conduits à Belle-Isle, mais ils furent graciés quelques années après. Planquette revint mourir à Monville ; quant à Châtel, il alla se réfugier en Amérique et l'on n'eut pas de ses nouvelles depuis.

M. Scheppers est mort depuis, et les journaux de Caen et de Rouen ont consacré une notice à son éloge (3). Le président Lonféron de Longcamp eut le malheur de perdre son fils âgé de 15 à 16 ans, qui fut noyé dans l'Orne.

---

(1) Six ans de détention et cinq ans. (Dossier, Cour d'appel, Caen.) Le pourvoi en Cassation signé par les deux condamnés fut rejeté le 25 janvier 1819. L'affaire avait été envoyée à Caen sur demande de la Cour de Rouen pour connexité avec l'insurrection d'avril à Rouen, qui fut jugée également à Caen.

(2) Les journaux de Rouen, muets sur « l'insurrection » de Monville, le sont également lors des débats du procès. La bibliothèque municipale de Caen a conservé les cinq journaux suivants, publiés dans cette ville en 1818 : *Le Haro*, républicain, *L'Intérêt public*, *Le Journal de Caen*, *L'Ordre et la Liberté*, *Le Pilote de Caen*, les deux derniers seuls mentionnent le procès et les peines infligées, sans rapporter les débats. Les autres se taisent. Voici le compte rendu du *Pilote du Calvados* (jeudi 2 décembre 1818) : « Cour d'assises du Calvados. — Présidence de M. le Conseiller Leféron de Longcamp. Audience du 29). — La Cour d'assises a jugé deux individus accusés d'avoir, à Monville, près Rouen, le 28 avril dernier, pris une part active à un mouvement insurrectionnel. C'étaient les nommés Châtel et Planquette. Châtel a été condamné à six années de détention et Planquette à cinq années de la même peine, le jury n'ayant pas admis de circonstances atténuantes en leur faveur. Cette affaire commencée à 2 heures a fini ce matin à 7 heures 1/2. (Communiqué par M. Lefèvre, professeur à l'École normale d'instituteurs du Calvados.)

(3) Louis-François Scheppers est mort à Caen, le 30 mai 1851. Seul des journaux de Rouen conservés à la bibliothèque municipale le *Journal de Rouen* parle de son décès.

Il résume simplement (1er juin 1851) un article nécrologique du *Pilote du Calvados* (30 mai), qui annonçait la mort de M. Scheppers, enlevé par une attaque de paralysie, à l'âge de 39 ans. — *Le Pilote du Calvados*, le lendemain, rendait compte des obsèques de l'avocat, où se remarquaient, entre autres assistants, « la presque totalité des membres des loges maçonniques », et annonçaient une notice biographique qui parut dans le numéro du 6 juin suivant et que nous croyons intéressant de reproduire : — « NÉCROLOGIE : Monsieur le Rédacteur, « vous me demandez une notice nécrologique sur l'excellent confrère que nous venons de perdre.....

« Je l'ai beaucoup connu et je suis cependant fort embarrassé pour faire sa biographie. — La vie de l'avocat se passe dans le silence du cabinet et dans ces luttes de l'audience dont le retentissement dure un jour à peine et dont nousmêmes ne conservons pas le souvenir. Pour presque tous on peut la résumer en deux mots : il étudia et travailla sans relâche. — Ce n'est donc pas un article biographique que je vous envoie, mais un dernier adieu que je dépose sur sa tombe.

XIV. *Le retour.* — A la sortie de l'audience, nous revînmes à notre auberge bien fatigués, et nous eûmes le tort de nous coucher et de nous endormir, de sorte que le matin le bateau était parti.

« Il appartenait à une honorable famille du département du Nord. — Son aïeul paternel, âgé maintenant de 92 ans et auquel était réservé la suprême douleur de voir partir avant lui un petit-fils qu'il aimait tendrement, M. Scheppers, fut député en 1789 à l'Assemblée constituante ; en 1814, il était à Lille, directeur des Contributions indirectes. — Le père de notre confrère est maintenant directeur à Évreux.

« Presque enfant, Louis Scheppers fut placé comme interne au collège Rollin. — Ses succès et ses brillantes dispositions plutôt que les protections de sa famille lui firent bientôt accorder une bourse. — Il obtint presque tous les prix au collège Rollin et fut un des lauréats du concours général. En un mot, il fit des études littéraires fort sérieuses qui exercèrent plus tard sur son talent une si heureuse influence.

« Son père le destinait à la carrière administrative, mais il déclara qu'il voulait être avocat.

« Il fit son droit à Caen et compta parmi les élèves les plus laborieux de notre Faculté.

« Il s'était attaché au cabinet de notre honorable confrère M° Feugerolles, et, en 1835, il débutait au barreau sous ses auspices.

« En 1837, il alla se fixer comme avocat à Pont-l'Évêque, et il ne tarda pas à prendre une des premières places dans ce barreau, l'un des plus riches du ressort sans contredit.

« En 1843, il quitta Pont-l'Évêque, où il laissait une nombreuse clientèle et de nombreux amis pour s'attacher au barreau de la Cour, et immédiatement il prit rang parmi les avocats les plus accrédités.

« Après la Révolution de 1848, on lui offrit des places élevées dans la magistrature ; mais sa vocation et son indépendance l'avaient appelé et le retinrent au barreau. Toutefois, il accepta ou même demanda le titre de suppléant de juge de paix pour donner un gage public et désintéressé d'adhésion au gouvernement nouveau, qui avait toutes ses sympathies et toutes ses convictions. — Il fut révoqué et nous n'avons pas besoin de dire que sa disgrâce fut toute politique. Quand la cause à laquelle il s'était dévoué fut vaincue, il dit adieu à la politique et à ses déceptions pour se vouer exclusivement à l'étude et au barreau.

« Désormais, il avait surmonté toutes les difficultés et conquis une des meilleures positions.

« Vous savez, Monsieur le Rédacteur, comment il nous a été enlevé. — Vendredi dernier, il plaidait encore devant la seconde Chambre. — Dimanche matin, il éprouva une indisposition qui fit craindre une congestion cérébrale.

« ..... Mercredi matin nous lui rendions les derniers devoirs..... M. Scheppers était un des membres les plus estimés et les plus distingués du barreau ; sa parole était toujours facile, simple et élégante, il savait beaucoup et avait l'entente parfaite des affaires, surtout des affaires commerciales. Il appartenait à cette classe d'avocats que nous appelons des chercheurs et des inventeurs. Nous aimions tous la douceur et la bienveillance de son caractère, nous estimions tous la droiture de son cœur et cette parfaite loyauté à laquelle ses adversaires eux-mêmes rendaient hommage et qui n'a jamais été trouvée en défaut, comme l'a si bien dit notre honorable bâtonnier. Il n'est pas un de ses clients qui n'ait eu à se louer de son désintéressement.

Nous fûmes donc obligés de prendre la diligence qui nous roula jusqu'à Rouen pendant quatorze heures qu'elle met à faire le voyage; nous fîmes une halte à Lisieux pour avoir le temps de déjeuner. Dans la voiture se trouvaient des témoins à charge qui regrettaient la condamnation de Châtel comme étant trop sévère. On reconnaît là les honnêtes modérés; vieux crocodiles, va !

Le soir en arrivant à Rouen, notre première visite fut pour Mᵐᵉ Châtel, qui s'était réfugiée avec son enfant, rue Bourg-l'Abbé, chez une amie. En apprenant le résultat elle fut consternée, nous voulûmes la consoler, mais vainement. Notre tâche était finie et nous rentrâmes à Monville.

La réaction triomphait, mais les idées libérales avaient pris racine dans la population et l'avenir leur était acquis.

Je ne puis mieux terminer mon récit qu'en citant un quatrain qui me fut adressé par Ernest Chesneau (1), un de nos meilleurs publicistes, mort depuis aussi :

> Vous, modeste Leblanc, qui dans votre humble sphère,
> Fûtes l'un des héros des jours de Février;
> Laissez-moi vous offrir cet ouvrage d'un frère,
> Poëte comme vous, comme vous ouvrier.

« Comme nous l'avons dit, il appartenait au parti démocratique, mais ses erreurs elles-mêmes, s'il s'est trompé, s'expliquent par les entraînements de son cœur. Au reste, il avait su se préserver d'un des vices les plus ordinaires et les plus déplorables de notre époque : l'intolérance politique, il savait comprendre et respecter les convictions de ses adversaires : sa mémoire a droit à la même justice. Le barreau a fait une perte cruelle, et il est un des avocats dont nous garderons le plus long et le meilleur souvenir. J'ai l'honneur, etc... A. TROLLEY. » — Leblanc dit que Scheppers eut entre les mains et communiqua au jury *les procès-verbaux du Club de Monville*. Il aurait été très intéressant pour nous de mettre la main sur ces documents; *le Pilote* du 30 mai nous apprend que M. Scheppers père était en 1851 directeur des Contributions indirectes à Évreux; nous avons su qu'une sœur de l'avocat avait épousé dans cette ville un M. de Meisas; la notice biographique reproduite ci-dessus nous montre la famille Scheppers originaire de Dunkerque. Toutes les recherches que j'ai faites à Caen, Évreux et dans le Nord ne m'ont pas amené à découvrir un seul descendant de cette famille : au reste, eût-il conservé les papiers de l'avocat ?

(1) Ernest Chesneau, critique d'art et journaliste, né le 9 avril 1833, est le fils du second maire provisoire de Monville en 1848, Édouard Chesneau, qui était conseiller municipal de cette commune depuis 1843. D'après les listes de souscriptions en faveur des sinistrés de Monville-Malaunay, publiées dans les journaux de Rouen, Édouard Chesneau était, en 1845, lieutenant-colonel de la garde nationale et juge suppléant au tribunal civil. Ajoutons, selon l'état civil de

XV. *Un mot sur l'auteur.* — Je suis né à Clères, le 8 août 1819 (1) ; j'ai perdu mon père à l'âge de 7 ans, et plus tard, j'ai exercé la profession de peintre-vitrier, puis......

> J'ai chanté dans ma tendre enfance
> Le timide et mince ruisseau,
> Que nous voyons dès sa naissance
> Serpenter le long du coteau :
> Pour nous fuir, ondes infidèles,
> Pourquoi chercher des alentours ?
> Le temps emporte sur des ailes
> La poésie et les beaux jours.
>
> Oui, nos bras, nos bras, nos bras
> Font la gloire de la France
> Et l'opulence, ici-bas
> Ne peut rien sans nos bras.

Rouen, un fait qui confirme que le maire provisoire est bien le père d'Ernest Chesneau : d'après l'acte de naissance de ce dernier, Édouard Chesneau se serait marié à Versailles et c'est dans cette ville qu'après 1851 il se retire, comme le rapporte au préfet le maire de Monville, Papillon (cf. III, viii, note 1). D'autre part, un ancien secrétaire de Sainte-Beuve, Jules Levallois, Rouennais d'origine, consacre à Ernest Chesneau, son ami, quelques pages de ses *Mémoires d'un critique*, et fait intervenir le père d'Ernest Chesneau à un endroit de son récit qui doit être rectifié : « Nos directions, dit-il, étaient assez différentes. Il y avait en Chesneau un fond de romantisme dont il ne s'est jamais départi... En outre, il ne tarda pas à devenir bonapartiste. Comment ? je ne le sais trop. Peut-être à cause de son passage à la *Revue Européenne* (laquelle ne produisait pas semblable effet à tout le monde), peut-être en raison de ses fréquents rapports, comme critique, avec l'administration des Beaux-Arts, M. de Nieuwerkerke... avait pris Chesneau en particulière estime. Il fut son introducteur dans le salon de la princesse Mathilde et consentit même à tenir un de ses enfants sur les fonts de baptême. Ce qu'il y a de curieux, c'est que cet impérialiste très sincère s'était brouillé avec son père, *bourgeois conservateur*, qui ne pouvait pardonner à son fils *l'excès du républicanisme*. » Encore qu'il soit étrange d'appeler le bonapartisme un excès du républicanisme, tout ce que nous savons d'Édouard Chesneau, le père, nous montre le maire provisoire de Monville comme un très sincère républicain, quoique modéré, et point du tout conservateur.

(1) Renseignement contrôlé par M. Hébert, instituteur, secrétaire de la mairie : « Le 8 août 1819, est né Leblanc, François-Désiré, fils de Leblanc, Charles-Parfait et de Laurent, Marie-Marguerite, mariés à Clères, le 19 fructidor, an X. » François Leblanc mourut à Monville, en 1896. Son neveu, M. Lefèvre, entrepreneur de peinture à Monville, possède de lui deux portraits, l'un daguerréotypé, l'autre peint à l'huile. Le daguerréotype représente Leblanc dans sa jeunesse.

Celui qui rend le sol fertile
Réserve pour lui le pain bis ;
Le modeste ouvrier qui file
A souvent de maigres habits.
Oui partout l'art s'épuise
Pour vos goûts délicats ;
Riches, votre chemise
Sans nous ne serait pas.

J'avais cru que la violette
Conservait sa virginité :
Dans les bois, la trouvant seulette,
J'admirais sa timidité.
          La petite rusée,
Qui craint les médisants,
Dans l'ombre est embrassée
Par cinq ou six amants!

XVI. *Encore des vers brisés.*

Oui, je mastique
Et je me pique
Que mes vers pour un ouvrier
Sont de bons vers de vitrier.

Pour moi, paria du Parnasse,
Dans mon village relégué,
De mon travail je me délasse
Par maint couplet morose ou gai.
Quelquefois le nom de la France
Inspire mes modestes chants.
Du peuple observant la souffrance,
Je la déplore en vers touchants.

On voit partout redorer les bréviaires,
Le luxe au temple a remplacé la foi.
On chante en chœur de latines prières
Dont la musique a ravivé l'emploi :
Mais s'il fallait sonder au fond des âmes,
Des vrais croyants, quel serait le troupeau?
Si l'on ôtait les enfants et les femmes....
Avec du vieux fera-t-on du nouveau ?

J'avais rêvé les honneurs, l'opulence !
Trop indolent,
J'ai vu les sots saisir la récompense
Due au talent.
Mais le travail qui nargue la misère
Charme mon sort.
Sans espérer ce bien imaginaire,
J'y rêve encor,
Oui, j'y rêve encor.

PROJET SUR LA CRISE INDUSTRIELLE DE 1848
A ROUEN

Il me paraît indispensable, avant de publier ce *projet* d'un
manufacturier, de donner quelques brèves indications sur les
circonstances qui le motivèrent.

La situation de l'industrie était très précaire dans toute la
région rouennaise au lendemain de la Révolution de Février. Le
8 mars, le commissaire général de la Seine-Inférieure, l'avocat Deschamps, qui appartenait au parti démocratique, recevait
une adresse signée de 1,004 ouvriers. On le félicitait du choix que
le Gouvernement provisoire venait de faire de sa personne pour
l'administration départementale; et les signataires ajoutaient :
« Nous demandons qu'il nous soit permis de nous réunir par
corps d'état afin de discuter nos intérêts et de rédiger nos requêtes
que vous aurez l'obligeance de transmettre au Gouvernement
républicain. » (*Journal de Rouen*, 8 mars 1848.)

Sous la pression ouvrière, Deschamps réunit le 10 mars, à la
préfecture, les délégués ouvriers et les chefs des industries manufacturières.

La perturbation était d'autant plus sérieuse, qu'à la stagnation
des affaires s'ajoutait depuis la Révolution une inquiétude persis-
tante des capitalistes; en vain les républicains modérés du *Journal de Rouen* eux-mêmes affichaient-ils la confiance, ils n'arrivaient pas à « faire partager cette sécurité aux capitaux qui
s'effrayent et, se retirant à l'écart, rendent plus difficiles les opérations industrielles ». Ils se tournaient alors vers le pouvoir
départemental pour le conjurer de comprendre que « dans les
questions de salaire et de réglementation du travail, il ne faut pas
envisager qu'un seul côté, celui des ouvriers qui veulent travailler
moins et être mieux rétribués; il faut aussi compter, pour les
chefs d'industrie, la possibilité de placer leurs produits et de
remplir leurs engagements ». (9 mars.)

Toujours est-il que la crise financière entretenait la crise industrielle. Faute de capitaux remis aux banquiers, l'activité cessait dans les manufactures. On créa les Comptoirs d'escompte pour remédier à la pénurie des capitaux.

C'est dans ces conditions que se réunit, le 10 mars, la Commission mixte du travail dans les manufactures. Elle élaborait un règlement provisoire qui traitait la question des salaires, notamment celui des ouvriers à la journée fixé à 1 fr. 25 pour les onze heures légales. On avait obtenu ces résultats non sans peine : « Les manufacturiers cédant aux désirs de ceux qu'ils emploient, voulant à l'avance leur assurer les avantages qu'ils ont droit d'espérer dans un avenir meilleur, ont consenti à leur accorder des conditions... plus satisfaisantes... au prix des plus grands sacrifices. »

Le commissaire convertissait donc en un règlement provisoire les mesures réclamées par les uns, consenties par les autres et le rendait immédiatement applicable (11 mars). Et le *Journal de Rouen*, dénommant l'arrêté « Charte temporaire de l'industrie », en prenait texte pour inviter au calme.

En même temps arrivaient à la préfecture les *Adhésions des communes au Gouvernement de la République*. Leur ensemble forme une liasse déposée dans la série Z des archives de la Seine-Inférieure sous cette dénomination. Le hasard fit que, parmi ces adhésions, se glissa la lettre d'un manufacturier, lettre qui contenait notre *Projet sur la crise industrielle*.

L'auteur, venu la veille pour la réunion du 10 mars, expose ses vues au commissaire général et lui propose d'en appeler à la *science de l'économie sociale*. Il était intéressant d'obtenir quelques renseignements sur ce manufacturier. Voici ceux que j'ai pu réunir (1).

Le commissaire Deschamps, dans l'article X de son règlement, décidait de transmettre ses résolutions aux commissaires du Gouvernement dans les départements de l'Eure et du Calvados. En effet, il n'avait pas pas seulement convoqué les intéressés compris dans ses limites administratives, mais au delà même tous ceux du groupe industriel rouennais.

Parmi ces derniers se trouvait l'auteur du Projet : Adolphe Peynaud, filateur et tisseur de coton, à Fleury-sur-Andelle (Eure),

---

(1) Je les dois à M. Gustave Peynaud, filateur de coton à Romilly-sur-Andelle (Eure), fils de l'auteur, et à M. Armand Peynaud, manufacturier, maire de Charleval, conseiller général de l'Eure, son neveu.

localité proche de la limite départementale. Peynaud n'était d'ailleurs pas un Normand, mais un Breton, né en 1805 à Saint-Malo, où il mourut en 1881. D'abord architecte dans cette ville, il venait s'établir filateur et tisseur à Fleury-sur-Andelle en 1842 et s'associer avec son frère Edmond. Puis il transporta ses affaires à Romilly-sur-Andelle, où il resta jusqu'en 1868. « En 1847-1848, il s'était beaucoup occupé d'économie sociale et, à cette époque, était en relations suivies avec son parent et ami, l'abbé de Lamennais, l'écrivain. » Malheureusement, avant de se retirer de l'industrie, Adolphe Peynaud détruisit toutes ses notes, le *Projet* est sans doute le seul travail qui reste de lui.

Au citoyen Commissaire de la Seine-Inférieure.

Fleury-sur-Andelle, 11 mars 1848.

Citoyen Commissaire,

Je prends la liberté de vous soumettre des notes sur la question industrielle; je désirais vous demander hier, après l'assemblée des chefs et ouvriers, un moment d'entretien, mais cela me fut impossible,

Je crois, citoyen Commissaire, que la science de l'économie sociale est assez avancée pour nous fournir les moyens de sortir de la crise qui menace l'industrie, et si j'applique mal ses principes, d'autres que moi peuvent trouver la solution du problème.

La révolution qui vient d'éclater a déterminé une révolution industrielle.

C'est bien une révolution et non une crise passagère dans l'industrie, parce que la condition du travailleur qui en était la base doit changer. Seul, il n'a pas les moyens de se faire une existence nouvelle, il périrait à la peine, mais l'industrie périrait avec lui.

Celui qui croit retrouver, dans un laps de temps plus ou moins éloigné, les anciennes bases de l'industrie se trompe; de fait, ces bases n'existent plus.

L'industrie était une spéculation sur la main-d'œuvre, le prix des journées suivait l'oscillation de la valeur vénale des produits fabriqués.

En conséquence, l'ouvrier répondait conjointement avec son chef de tous les maux provenant de la concurrence illimitée, de la concurrence déloyale et de l'oppression du capitaliste.

La classe ouvrière ne peut, ne doit plus s'y soumettre.

Les anciennes bases de l'industrie n'existent donc plus et ne peuvent être relevées, vouloir s'y rattacher est se jeter au néant.

L'industrie ne peut marcher à l'avenir qu'en secouant elle-même les entraves qu'elle subissait.

Elle ne doit plus être l'esclave des capitaux accumulés.

Elle doit renoncer aux bases fictives du crédit.

Elle doit se débarrasser de la concurrence illimitée et de la concurrence déloyale.

Avec ces conditions l'industrie se relèvera ; la France doit lui venir immédiatement en aide, parce que pour elle-même la vie de l'industrie est une des premières conditions d'existence.

Comment l'industrie peut-elle s'affranchir des capitalistes ?

En établissant la concurrence du grand nombre possédant peu contre le petit nombre possédant beaucoup.

Comment l'industrie peut-elle se débarrasser de la concurrence illimitée ?

En n'employant que le crédit assis sur des bases réelles et non sur la confiance.

Comment peut-elle se débarrasser des entraves qui lui sont apportées par la concurrence déloyale ?

Le crédit assis sur des bases réelles devra être immédiatement épuisé par l'industriel qui évaluerait ses produits à un maximum ou à un minimum qui ne serait pas vrai.

Ceci posé, je vous soumets ci-après un projet qui amènerait immédiatement, je crois, l'activité dans les transactions de matières industrielles :

1º Le gouvernement décréterait un emprunt pour l'industrie, qui serait prélevé, proportionnellement, aux contributions indirectes.

2º Des bons, valeur industrielle, seraient remis contre l'emprunt en argent.

3º Des produits de fabriques, déposés dans des entrepôts particuliers ou nationaux, serviraient de garantie à l'emprunt.

4º Les bons industriels auraient *cours forcé pour toutes* marchandises de fabrication.

5º Il serait ouvert à chaque industriel un crédit dont le montant serait fixé suivant l'importance de ses ateliers.

6º Les remises d'argent ne lui seraient faites que contre le dépôt équivalent de marchandises aux prix de revient, réduit s'il y a lieu par une commission préposée à leur estimation.

7° Les bénéfices ou pertes, résultant de la vente opérée par les soins du propriétaire lui-même, seraient perçus ou remboursés par lui au moment de cette vente.

8° Toute transaction au dépôt national serait faite au comptant.

9° Les bons industriels seraient annulés au moment où ils seraient échangés contre les marchandises à l'entrepôt.

MODE D'OPÉRATION

L'État prélève un emprunt en argent qu'il verse au fabricant contre la même valeur en matières fabriquées.

En empruntant au particulier 100 francs par exemple, il lui donne un bon de 100 francs, le particulier peut acheter au détail pour 100 francs de marchandises, et le détaillant achetant au dépôt pour 100 francs de produits, le bon est annulé, ainsi l'opération se trouve liquidée.

Comme les bons auraient le cours de l'argent, aucun intérêt ne serait dû à l'emprunt.

Un tel décret serait sans doute une mesure révolutionnaire, mais je répète : il y a révolution dans les bases de l'industrie, il faut la sauver.

Il faut dominer la crise.

Il faut que la matière fabriquée trouve forcément un débouché, ou bien les travailleurs sont sans ouvrage.

Il faut se passer du crédit, puisqu'il est fermé.

Il faut de la défiance arracher le même résultat, la même activité que produit la confiance.

Celui qui aura des bons industriels ne tardera pas à se les faire rembourser en les échangeant contre des marchandises.

En même temps, la production hors de mesure qui entraîne les chômages et la dépréciation des valeurs se trouvera limitée.

Les oscillations produites dans le commerce par le capitaliste seront détruites.

Le capital accumulé n'opprimera plus l'industriel d'intérêts onéreux.

Recevez, citoyen Commissaire, mes salutations fraternelles.

A. PEYNAUD.

267. — Imprimeries Réunies, rue Rachais, 8, Lyon.

9 782013 359009